Sucos
para uma vida saudável

Sucos
para uma vida saudável
Mais de 50 sucos para manter sua saúde

Charmaine Yabsley e Amanda Cross

Manole

1ª edição publicada na Grã-Bretanha em 2007, sob o título *Miracle Juices*, pela Hamlyn, um selo da Octopus Publishing Group Ltd, 2-4 Heron Quays, Docklands, London E14 4JP

Tradução e revisão científica: Stella E. O. Tagnin
Livre-docente pela Universidade de São Paulo e professora da Pós-graduação do Programa de Estudos Lingüísticos e Literários em Inglês
Editoração eletrônica: JLG Editoração Gráfica S/C Ltda.
Preparação e Revisão: Depto. editorial da Editora Manole

Dados Internacionais de Catalogação na Publicação (CIP)
(Câmara Brasileira do Livro, SP, Brasil)

Yabsley, Charmaine
Sucos para uma vida saudável : mais de 50 receitas / Charmaine Yabsley e Amanda Cross ; [tradução de Stella E. O. Tagnin]. -- Barueri, SP : Manole, 2008.

Título original: Miracles juices
ISBN 978-85-204-2696-8

1. Suco de frutas 2. Suco de vegetais I. Cross, Amanda. II. Título.

07-7133 CDD-641.26

Índices para catálogo sistemático:
1. Suco de frutas : Alimentos e bebidas 641.26
2. Suco de vegetais : Alimentos e bebidas 641.26

1ª edição brasileira - 2008

Direitos em língua portuguesa adquiridos pela:
Editora Manole Ltda.
Avenida Ceci, 672 - Tamboré
06460-120 - Barueri - SP - Brasil
Tel.: (11) 4196-6000 - Fax: (11) 4196-6021
www.manole.com.br
info@manole.com.br

Impresso na China
Printed in China

Notas

As colheres usadas como medida em todas as receitas seguem o padrão:

1 colher de sopa = 15 ml
1 colher de chá = 5 ml

Este livro não deve ser tomado como substituto de tratamento médico; consulte sempre um profissional sobre todas as questões relativas à saúde. Embora os conselhos e as informações neste livro sejam considerados corretos, nem o autor, nem os editores podem assumir qualquer responsabilidade legal por qualquer problema de saúde sofrido ao seguir os conselhos aqui contidos.

Sumário

introdução

Sentir-se bem, saudável e com energia é o que todos nós almejamos. Mas com que freqüência nos sentimos realmente no topo do mundo? Em geral estamos um pouco cansados, sentindo o início de um resfriado, com problemas para dormir em razão do estresse, ou apenas um pouco desanimados. Embora tendamos a aceitar esses sintomas como normais, só deveríamos mesmo nos contentar com uma saúde 100% perfeita. Por que deveríamos tentar apenas sobreviver a cada dia em vez de viver cada momento plenamente, com o interesse e o vigor para lidar com cada nova situação e idéia? Este livro foi concebido para pessoas que se empenham em alcançar e manter uma vida saudável e holística, usufruindo de boa saúde hoje enquanto cuidam do seu amanhã.

Como os sucos podem ajudar

Já é sabido que nossa alimentação deve constar de no mínimo cinco porções de frutas e hortaliças por dia para garantir uma saúde perfeita. No entanto, com o atual estilo de vida agitado, os altos níveis de estresse e a exposição à poluição, com muita freqüência acabamos comendo qualquer coisa, apressadamente, sem pensar no conteúdo nutricional e em nossas necessidades diárias. Em vez de considerar a comida um combustível valioso para o corpo, o ato de comer tornou-se meramente mais uma atividade a ser realizada todos os dias. Se o seu corpo fosse um carro, você o abasteceria com o melhor combustível e verificaria regularmente os níveis de óleo e de água, não é mesmo? Todavia, muitos de nós não damos a mesma importância para o corpo, tendendo a alimentá-lo com qualquer coisa que seja rápida, fácil e que esteja disponível na hora.

Por que o suco?

Benefícios Nutricionais

As frutas e hortaliças estão entre os alimentos mais baratos e, cruas, requerem pouquíssima preparação. No entanto, ainda ficamos tentados a pegar torradas e biscoitos em vez de cenouras quando estamos com fome. Além de os salgadinhos e as comidas rápidas (*fast food*) possuírem pouco valor nutricional, em geral é necessário consumirmos mais desses produtos para nos sentirmos satisfeitos. É compreensível que comer um pacote de maçãs ou cenouras não seja uma tarefa fácil, e por esse motivo o suco é tão atraente. Ao processar um pacote de maçãs para fazer um suco fresco, forneceremos ao corpo uma dose imensa de nutrientes em uma forma muito mais fácil de assimilar e ficaremos satisfeitos.

Tratando-se de frutas e hortaliças, muitos costumam ignorar os benefícios nutricionais que se pode obter com os sucos. No entanto, com um pouco de esforço, os sucos levarão você ao caminho da saúde perfeita. Ao considerar produtos de boa qualidade você terá a garantia de um alimento saudável e estimulante. E, ao combinar diversos tipos de frutas e hortaliças na sua dieta básica, você garante ao seu corpo a quantidade total de vitaminas e minerais necessários.

Então qual é a diferença entre fazer seu próprio suco e comprá-lo no supermercado? Acima de tudo, o suco feito em casa ultrapassa, em nutrientes frescos, qualquer coisa que você possa comprar. Isso porque o suco comprado já foi processado, empacotado e diluído em água, o que significa que os benefícios dos nutrientes saudáveis já não são mais tão eficazes. O suco também pode conter aditivos que anulam os benefícios proporcionados pela ingestão de frutas e hortaliças. A menos que você esteja presente quando o suco for feito, jamais poderá estar 100% seguro de seus ingredientes.

Rápida assimilação

Um suco puro de frutas e hortaliças não é apenas um delicioso complemento à sua dieta, mas seus nutrientes também são utilizados de forma mais rápida pelo organismo do que os provenientes de alimentos sólidos, que necessitam de muitas horas de digestão para que os nutrientes fiquem disponíveis para as células e os tecidos. A princípio você poderá notar, em razão do efeito diurético dos sucos de frutas e hortaliças, que está urinando com mais freqüência do que o usual, e também pode notar uma leve dor de cabeça. Quando seu corpo estiver acostumado com os efeitos da desintoxicação proporcionados pelos sucos, esses sintomas desaparecerão.

Saúde total

Se você sofre de alguma enfermidade, ou pretende prevenir doenças como as do coração, há algumas combinações de frutas e hortaliças que podem ajudar. Pioneiros em terapia nutricional como N. W. Walker e Max Gerson têm defendido o uso dos sucos como parte de um plano de tratamento de muitos problemas degenerativos. Mas, lembre-se, mesmo que os sucos sejam, sem dúvida, benéficos para a saúde de modo geral, só devem ser usados como complemento do plano alimentar diário. É preciso que você também consuma o suficiente de outros grupos de alimentos para garantir ao corpo ossos fortes e células sadias.

Caso esteja seguindo uma dieta especialmente prescrita, ou esteja sob supervisão médica, é sempre recomendável discutir qualquer mudança drástica com seu médico antes de começar uma nova dieta alimentar.

Sucos para uma saúde perfeita

Os principais benefícios dos sucos são, obviamente, as vitaminas e os minerais presentes nas frutas e hortaliças. Nutrientes vitais como ácido fólico, antioxidantes, vitaminas A, B, C e E, cálcio, potássio, zinco e aminoácidos estão presentes em frutas e hortaliças frescas, e são todos necessários para garantir uma saúde perfeita. Fazer sucos é uma maneira natural e fácil de garantir uma ingestão diária adequada de vitaminas essenciais.

Outro importante grupo de nutrientes presente nos sucos é o das enzimas, responsáveis pela digestão e absorção dos alimentos pelo corpo. As enzimas também convertem os alimentos em tecido corporal e são importantes produtoras de níveis de energia. Sem elas, o metabolismo não funciona no seu ritmo máximo. O suco fresco é a melhor forma de o corpo receber essas fontes de enzimas. Isso porque o cozimento destrói esses nutrientes, que não resistem a temperaturas superiores a 114°C. Para usufruir dos benefícios que as enzimas proporcionam, é necessário ingerir o máximo possível de hortaliças e frutas cruas.

Proteção contra doenças

Uma dieta rica em frutas e hortaliças pode prevenir e ajudar a curar um grande número de enfermidades. Os elementos químicos das plantas, conhecidos como fitoquímicos, possuem a chave para a prevenção de doenças letais, como câncer e doenças do coração, assim como de algumas doenças mais comuns, como asma e artrite.

Os fitoquímicos que vêm sendo descobertos por pesquisadores estão mudando a nossa forma de pensar sobre os alimentos, em especial as frutas e hortaliças. Por exemplo, o brócolis e outros vegetais crucíferos contêm compostos como ditioltionas, que aceleram a ação das enzimas envolvidas no processo de desintoxicação do organismo. Isso produz um fluxo de moléculas chamadas glutationa, que podem destruir toxinas, como as carcinogênicas. É necessária uma ingestão regular dessas hortaliças para a prevenção do câncer. As frutas cítricas contêm compostos que ajudam o organismo a se livrar dos carcinogênicos. Elas também são ricas em pectina, que ajuda a manter o nível de colesterol baixo, mas para ter esse benefício, a parte branca e as membranas celulares da fruta também devem ser processadas. As uvas contêm um fitoquímico que parece evitar danos ao DNA de cada célula. Da mesma forma, um grande número de hortaliças verdes contém fitoquímicos que parecem oferecer proteção contra agentes cancerígenos. A lista continua: acelga, brócolis, repolho, couve-flor, cenoura, couve, pimentão, alho, cebola, alho-poró e cebolinha são algumas das hortaliças que parecem conter fitoquímicos capazes de prevenir o câncer. O problema, no entanto, é que muitos de nós não consumimos uma quantidade suficiente de frutas e hortaliças para recebermos os benefícios que elas oferecem. Por exemplo, embora o Instituto Nacional Americano do Câncer recomende a ingestão diária de cinco porções de hortaliças e três de frutas, o americano ingere, em média, apenas 1 porção e meia de hortaliças e nenhuma fruta por dia. Os hábitos alimentares britânicos não são muito melhores, pois 65% dos adultos comem apenas uma porção de frutas e hortaliças por dia.

CINCO BENEFÍCIOS DOS SUCOS

1 Seu organismo recebe a quantidade necessária de vitaminas e minerais.
2 Os antioxidantes das frutas e hortaliças são essenciais para uma pele de aparência mais jovem.
3 O ácido fólico das frutas e hortaliças ajuda a manter o cabelo e as unhas fortes.
4 Os sucos são um complemento saudável para um programa de redução de peso.
5 Os sucos são ideais para auxiliar na recuperação de enfermidades.

Nutrientes tradicionais

Os sucos de frutas e hortaliças também são uma boa fonte de nutrientes tradicionais. As frutas cítricas fornecem vitamina C. O suco de cenoura contém vitamina A, na forma de betacaroteno. Diversos sucos verdes são boa fonte de vitamina E. Os sucos de frutas fornecem minerais essenciais como ferro, cobre, potássio, sódio e iodo, retidos pelas frutas em uma forma facilmente assimilável durante a digestão. Como as fibras indigestas são eliminadas durante a extração do suco, esses nutrientes ficam disponíveis para o organismo em maior quantidade do que se o pedaço da fruta ou hortaliça fosse ingerido inteiro. Por exemplo, ao comer uma cenoura crua, só é possível assimilar por volta de 1% do betacaroteno disponível, porque muitos dos nutrientes estão presos às fibras. Quando se faz suco da cenoura, removendo a fibra, quase 100% do betacaroteno pode ser assimilado. Finalmente, frutas e hortaliças fornecem água. Mais de 65% das células no corpo humano são constituídas de água, e em alguns tecidos elas chegam a ter quase 80% de água. A água é essencial para uma boa saúde; contudo, a maior parte das pessoas não consome o suficiente. Muitos dos líquidos que consumimos – chá, café, álcool e bebidas de sabores artificiais – contêm substâncias que exigem uma quantidade adicional de água para que o corpo as elimine, e tendem a ser desidratadoras. Sucos de frutas e hortaliças estão livres dessas substâncias desnecessárias.

De que o suco me protege?

Além de fornecer ao organismo as vitaminas e os nutrientes necessários à boa saúde, os antioxidantes presentes nas frutas e hortaliças são a arma secreta da natureza contra o envelhecimento. Então o que causa o envelhecimento? Já é aceito que os danos causados pelos radicais livres contribuem bastante para o processo de envelhecimento. Radicais livres são moléculas altamente reativas que carecem de um elétron. Eles atacam as células para roubar um elétron e ficarem estáveis, danificando as células durante esse processo. As células danificadas tornam-se então radicais livres. Os danos causados pelos radicais livres contribuem para o aparecimento de rugas, a perda de tônus muscular e o surgimento de doenças relacionadas à idade, por isso precisamos de antioxidantes para combatê-los.

Podemos não estar conscientes de que estamos consumindo antioxidantes ao tomarmos um copo de suco, mas a ingestão diária será garantida se o suco for feito com quatro ou cinco frutas e hortaliças. Também é bem mais provável que continuemos a fazer refeições saudáveis durante o resto do dia se o tivermos iniciado de maneira certa.

Como fazer sucos

O primeiro passo para fazer sucos é decidir que tipo de máquina comprar. Elas variam de máquinas básicas às de alta tecnologia e maior preço. As máquinas separam o suco da polpa, e embora seja possível fazer suco manualmente, isso tende a ser um processo demorado. Visite uma loja de departamentos e examine cada máquina com atenção. Procure uma de marca confiável, com abertura grande o suficiente para passar frutas e hortaliças maiores, e certifique-se de que seja fácil de desmontar e limpar. Existem muitos tipos de máquinas para fazer sucos, portanto, esteja certo de comprar a melhor para as suas necessidades.

Extrator de suco cítrico

Se você está entusiasmado para começar a fazer sucos, então é provável que já tenha um dos equipamentos mais simples para isso em sua cozinha. O extrator de suco cítrico, ou espremedor de laranja, é ideal para extrair suco de laranjas, limões e *grapefruits*. Essa forma de extrair suco é perfeita se você pretende apenas adicionar um pouco de suco cítrico a outro líquido. O suco cítrico puro tem alto teor de acidez, o que pode causar enjôo ou irritar o seu estômago. Se preferir tomar o suco cítrico puro, dilua-o com um pouco de água e usufrua dos frutos do seu trabalho!

Extrator por centrifugação

A centrífuga é o extrator mais usado e mais em conta disponível no mercado. Ela funciona por força centrífuga, o que significa que, quando as frutas e hortaliças frescas são prensadas no ralador giratório de alta velocidade, o suco separa-se da polpa, que é retida na máquina enquanto o suco é derramado em uma jarra separada pronto para ser tomado. Se você é um verdadeiro aficionado por suco, é importante ressaltar que a extração por centrifugação produz menos suco que a extração por trituração, e alguns nutricionistas acreditam que isso significa menor ganho de nutrientes.

Extrator por trituração

Versão mais cara de extrator, essa máquina tritura frutas e hortaliças e as impulsiona através de um filtro de aço inoxidável com imensa força. Esse processo extrai uma grande quantidade de suco e, portanto, de nutrientes. Como mencionado anteriormente, a extração do suco de produtos frescos é preferível ao aquecimento ou cozimento dos alimentos, já que grande parte de enzimas das hortaliças é perdida no cozimento. Como o extrator por trituração não usa lâminas, esse processo evita o superaquecimento e a destruição de algumas das qualidades dos ingredientes.

Prensa hidráulica

Se você visitar uma casa de sucos, verá que eles utilizam uma máquina cara e brilhante que pode extrair suco e polpa em grandes quantidades. A não ser que pretenda montar sua própria casa de sucos, é muito improvável que você precise de uma dessas máquinas.

A limpeza dos extratores de suco

A única desvantagem é ter de limpar a máquina. A polpa e o suco podem fazer sujeira, e o extrator precisará de uma boa limpeza toda vez que for utilizado. Procure uma máquina que seja fácil de desmontar, caso contrário a limpeza se tornará uma tarefa árdua e você pode sentir-se desencorajado em utilizá-la novamente. Quando estiver limpando a máquina, faça uma limpeza completa, já que qualquer resíduo pode estimular o desenvolvimento de bactérias (muitos extratores vêm com uma escovinha, mas uma escova de dente ou de unha também ajuda na remoção de resíduos de polpa mais rebeldes). Você pode deixar o equipamento de molho em água morna com um pouco de sabão, o que facilitará a limpeza de resíduos em lugares difíceis de alcançar. Uma solução composta por uma parte de vinagre branco para duas partes de água reduz quaisquer manchas causadas pelas frutas e hortaliças.

A preparação dos produtos

Como a maior parte das enzimas, as vitaminas e os minerais encontram-se logo abaixo da superfície das cascas das frutas e hortaliças. Mantenha a casca e lave todas as frutas e hortaliças em água morna. Alguns nutricionistas sugerem lavar os produtos não-orgânicos em água morna com um pouco de detergente, e depois enxaguar em água fria.

A preparação dos ingredientes para o suco

Os produtos devem ser cortados em pedaços de fácil manuseio antes de serem processados. Rasgue as hortaliças macias, pois isso ajuda a reter mais nutrientes. É aconselhável preparar os ingredientes um pouco antes de fazer o suco, para evitar a perda de nutrientes por oxidação. Algumas pessoas ficam em dúvida quanto a incluir sementes, caroços, cascas e outras folhas externas nos sucos. A resposta é que se os produtos não forem orgânicos, não inclua caules, cascas ou raízes, mas se forem orgânicos, é possível colocar tudo no extrator. No entanto, não inclua as cascas de abacaxi, manga, mamão, laranja, limão e banana, e retire os caroços de damascos, pêssegos, mangas e ameixas. Você pode incluir sementes de melão, em particular de melancia, já que contêm bastante suco. Se for fazer suco de uva, escolha uvas verdes com um tom âmbar, ou pretas com viço escuro. Descarte a parte branca dos limões.

A compra dos ingredientes

Passe longe de frutas e hortaliças velhas, pois a quantidade de bons nutrientes que você pode extrair está diretamente relacionada ao frescor dos ingredientes. Escolha produtos com cores vivas. Afinal, uma das razões para se fazer sucos é ter a certeza de poder escolher pessoalmente os ingredientes. Sucos de frutas embalados não apresentam essas garantias.

Frutas e hortaliças congeladas

Muitos supermercados possuem um bom sortimento de produtos congelados, mas será o congelamento uma coisa boa? Sim, de acordo com nutricionistas, desde que seja feito imediatamente após os produtos terem sido colhidos. Não há nada melhor que o produto fresco, mas, se não houver mais nada disponível, a fruta armazenada em sua geladeira fornecerá uma quantidade suficiente de nutrientes e vitaminas necessárias à ingestão diária.

Compre produtos orgânicos

Durante o recente debate sobre produtos geneticamente modificados descobriu-se que frutas e hortaliças contêm pesticidas resultantes da pulverização. Adeptos da comida orgânica se entusiasmam com seu sabor e suculência, e pesquisas mostraram que os níveis de zinco, vitamina C e caroteno são mais altos neste tipo de alimento. Esse é um dos motivos para se comprar produtos orgânicos – você ganha em nutrientes.

SUPLEMENTOS

Será que suplementos, tinturas e pós são realmente necessários se você já está consumindo a quantidade recomendada de nutrientes? Alguns, como a espirulina, o suco de clorofila (*wheatgrass*) e a babosa (aloe vera), são fontes concentradas de vitaminas e minerais essenciais para uma boa saúde e rápida recuperação.

A **espirulina** é uma forma de clorofila, da família das algas verde-azuis. Ela é rica em fósforo, potássio, sódio, vitamina B3 e betacaroteno, e é encontrada na forma de um pó azul-esverdeado ou branco. Os adeptos dessa alga entusiasmam-se com suas propriedades energizantes; seus maiores benefícios são a regeneração e a renovação celular, podendo retardar os sinais da idade; é também antifúngica e antibacteriana. A espirulina é boa para fazer sucos. Não é o pó ideal para ser tomado com água, por isso disfarce o sabor misturando-o com seu suco preferido. Entretanto, suas bebidas de belas cores ficarão um tanto esverdeadas.

A **grama de trigo orgânico** *(wheatgrass)* não é para todos os gostos, mas uma forma fácil de receber seus benefícios é incluindo-o em um suco . Rica em clorofila, a grama de trigo orgânico, cultivado em grãos de trigo, é um energético e um estimulante imunológico ideal. A **babosa** possui diversas propriedades imunológicas, antivirais e anti-sépticas, e é especialmente recomendada para pessoas com problemas nas articulações e síndrome do intestino irritável (SII). Possui um gosto bastante amargo, portanto, o ideal é misturá-la em um suco.

Adicionando e subtraindo

Você também pode acrescentar aos seus sucos ingredientes como nozes, sementes e tinturas. Sementes de abóboras, por exemplo, são ricas em ácido fólico e óleos graxos essenciais, que são vitais para pele e unhas saudáveis. Muitos sucos de frutas contêm altos níveis de açúcar, portanto, para os sucos diários, muitos nutricionistas recomendam diluí-los em água mineral. Se os sucos cítricos ficarem muito ácidos, inclua um ingrediente suave como a banana.

Armazenamento do suco

O valor nutricional do suco de frutas e hortaliças tende a se deteriorar com o armazenamento, pois muitas vitaminas oxidam quando expostas ao ar. A fim de obter o máximo de benefício nutricional, é aconselhável beber os sucos assim que forem feitos. As frutas e hortaliças (exceto bananas e abacates) conservam-se bem na geladeira ou em uma despensa fria, mas produtos orgânicos em geral estragam rapidamente – um bom sinal de seu frescor.

Os melhores ingredientes para fazer sucos

Abacate

Rico em: vitamina E, potássio, gordura monoinsaturada e vitamina B. **Benefícios para a saúde:** o abacate é ideal para a pele, para curar feridas e matar a fome. Por ser rico em vitamina E, também é bom para pessoas com problemas cardiovasculares. A vitamina E também é um estimulante imunológico.

Abacaxi

Rico em: vitamina C antioxidante, bromelina, potássio e betacaroteno. **Benefícios para a saúde:** a bromelina, enzima presente no abacaxi, tem-se mostrado eficaz no tratamento de coágulos sanguíneos que podem levar à trombose. Também ajuda na digestão.

Agrião

Rico em: ferro, vitamina C e betacaroteno. **Benefícios para a saúde:** bom para o tratamento de câncer de pulmão, cãibras musculares e cegueira noturna.

Aipo

Rico em: fitonutrientes e apiina. **Benefícios para a saúde:** excelente para purificar o sistema digestivo do ácido úrico. É usado por pessoas que sofrem de gota e infecções urinárias. Pode ajudar a reduzir inflamações em casos de artrite.

Alcachofra

Rica em: magnésio, fósforo, potássio, sódio, ácido fólico, betacaroteno, vitamina B3, vitamina C e vitamina K. **Benefícios para a saúde:** excelente para purificar o fígado, diurético, baixa o colesterol.

Alcachofra-de-jerusalém

Rica em: potássio, niacina, inutase, inulina. **Benefícios para a saúde:** em razão da conversão da inulina em frutose pela enzima inutase, ela é permitida aos diabéticos.

Alface

Rica em: betacaroteno, ácido fólico e potássio. **Benefícios para a saúde:** pode ajudar o organismo no combate contra o câncer. Bom alimento para gestantes, por ajudar na prevenção contra espinha bífida. É também recomendado para manter o cólon saudável.

Alho

Rico em: potássio, cálcio e magnésio. **Benefícios para a saúde:** propriedades antivirais; ajuda no combate a resfriados e infecções.

Ameixa seca

Rica em: fibra, potássio, ferro, cálcio e betacaroteno. **Benefícios para a saúde:** ideal para a desintoxicação e o tratamento de constipação; é aconselhável ingerir o suco de ameixa em jejum, logo pela manhã, e em temperatura ambiente. As ameixas são também ideais para vegetarianos, por serem ricas em ferro.

Amora

Rica em: betacaroteno, vitaminas C e E, cálcio, magnésio, fósforo, potássio e sódio. **Benefícios para a saúde:** um poderoso antioxidante e ideal para ser misturada a outros sucos; é ótima para o sistema imunológico e possui propriedades antienvelhecimento.

Banana
Rica em: betacaroteno, vitamina C, ácido fólico, magnésio, cálcio, fósforo e potássio. Também: ferro, vitaminas B e zinco. **Benefícios para a saúde:** o saboroso suco de banana pode ser misturado com frutas vermelhas e outros ingredientes. Ideal como estimulante energético e para refeições rápidas.

Batata
Rica em: potássio, fibra, ácido fólico, vitamina C, carotenos e cálcio. **Benefícios para a saúde:** boa para o tratamento de câncer de pulmão; previne coágulos sanguíneos e reduz o risco de doenças do coração.

Batata-doce
Rica em: vitamina C, vitamina E e betacaroteno. **Benefícios para a saúde:** ideal na proteção contra cânceres.

Beterraba
Rica em: ácido fólico e fibras solúveis. **Benefícios para a saúde:** além de possuir poucas calorias, o suco de beterraba é ideal para gestantes, pois fornece altos níveis de ácido fólico, que pode reduzir o risco de espinha bífida em fetos.

Brócolis
Rico em: betacaroteno, ácido fólico, vitamina C, potássio e ferro. **Benefícios para a saúde:** rico em fitonutrientes, que ajudam a combater o câncer.

Canela
Não consumimos quantidades suficientes de especiarias para adquirir seus nutrientes. **Benefícios para a saúde:** alivia sintomas de resfriados, cólicas estomacais, artrite e má circulação. Ajuda a aliviar a má digestão e a diarréia.

Cebola
Rica em: antioxidantes, potássio e cálcio. **Benefícios para a saúde:** útil no combate a resfriados; estimula a circulação.

Cebolinha
Rica em: fitoquímicos. **Benefícios para a saúde:** estimula o apetite.

Cenoura
Rica em: betacaroteno e alfacaroteno. **Benefícios para a saúde:** é um bom energético e é ideal para ser misturada a outros sucos; útil para o estômago e o sistema digestivo. Possui propriedades diuréticas e é usada no tratamento da azia. Estudos têm demonstrado que as cenouras podem proteger contra o câncer de boca e do reto.

Cereja
Rica em: betacaroteno, vitamina C, ácido fólico, cálcio, magnésio, fósforo, potássio e flavonóides. **Benefícios para a saúde:** como não há muito suco nas cerejas, o suco fica melhor

se diluído. As cerejas são ótimos estimulantes do sistema imunológico, por conterem um poderoso antioxidante.

Coentro (em pó)

Não consumimos quantidades suficientes de especiarias para adquirir seus nutrientes. **Benefícios para a saúde:** pode reduzir inflamações; ameniza os sintomas da menopausa.

Couve

Rica em: betacaroteno, ácido fólico, cálcio e potássio. **Benefícios para a saúde:** os altos níveis de betacaroteno ajudam a manter os olhos fortes e saudáveis. Bom para estimular o sistema imunológico.

Couve-de-bruxelas

Rica em: potássio, betacaroteno, ácido fólico e vitamina C. **Benefícios para a saúde:** é o maior produtor de ácido fólico, necessário para a produção de glóbulos brancos.

Damasco

Rico em: betacaroteno, vitamina C, papaína, cálcio, magnésio, fósforo, potássio e flavonóides. Também: vitaminas B, ferro e zinco. **Benefícios para a saúde:** excelente antioxidante, purificante e estimulante do sistema imunológico. Os damascos não possuem muito suco, portanto, devem ser misturados a outro suco ou diluídos em água ou suco de limão.

Dente-de-leão (taraxaco)

Rico em: ferro e cobre. **Benefícios para a saúde:** bom para pessoas que sofrem de retenção de líquido e pressão alta.

Endívia

Rica em: potássio, betacaroteno e ácido fólico. **Benefícios para a saúde:** ideal para manter o cólon saudável, reduzindo os níveis de estresse e anemia e prevenindo a osteoporose.

Erva-doce (funcho)

Rica em: vitamina C. **Benefícios para a saúde:** efeito diurético, bom para a desintoxicação do sistema.

Espinafre

Rico em: ferro, ácido fólico, betacaroteno e cálcio. **Benefícios para a saúde:** um dos alimentos mais recomendados para as mulheres, em particular as vegetarianas, por ajudar na proteção contra a osteoporose. É também útil na desintoxicação do organismo.

Framboesa

Rica em: fitonutriente ácido elágico, magnésio, potássio e vitamina C. **Benefícios para a saúde:** regula o ciclo menstrual, combate doenças virais e ajuda na redução de peso.

Gengibre

Rico em: zinco e selênio. **Benefícios para a saúde:** ajuda a diminuir tosses e resfriados.

Grapefruit

Rico em: vitamina C, potássio, cálcio, caroteno e ácido fólico. **Benefícios para a saúde:** bom para proteger os olhos de cataratas; auxilia na digestão e na cura de ressacas. É também recomendado como proteção contra câncer de cólon e estômago.

Groselha negra

Rica em: betacaroteno, vitaminas C e E, cálcio,

magnésio, fósforo e potássio. Também: vitaminas B, cobre e ferro. **Benefícios para a saúde:** por possuir um sabor forte, é ideal para misturar com maçã. É um poderoso antioxidante, antiinflamatório e estimulante do sistema imunológico.

Hortelã

Rica em: cálcio, ferro, magnésio e ácido fólico. **Benefícios para a saúde:** refresca o hálito e ajuda na digestão; rejuvenescedor.

Inhame

Rico em: potássio, cálcio, ácido fólico e fibra. **Benefícios para a saúde:** o inhame selvagem mexicano é um contraceptivo natural, e também um relaxante muscular, por isso é bom para a TPM e para acalmar o estômago.

Iogurte orgânico natural

Rico em: cálcio e vitamina D. **Benefícios para a saúde:** ajuda a manter uma boa saúde, pois contém culturas com propriedades salutares.

Laranja

Rica em: vitamina C, potássio, caroteno e luteína. **Benefícios para a saúde:** a maneira ideal para atingir a ingestão diária recomendada de vitamina C; também ajuda a combater resfriados e baixar o colesterol; tem propriedades anticancerígenas.

Limão

Rico em: vitamina C, potássio, carotenos e cálcio. **Benefícios para a saúde:** é útil para o tratamento de infecções causadas por parasitas. Purifica e melhora a circulação sanguínea e o sistema nervoso.

Limão siciliano

Rico em: vitamina C, potássio, cálcio e frutose. **Benefícios para a saúde:** bom diurético, com propriedades antibióticas naturais que ajudam no tratamento de resfriados, gripes e tosses.

Maçã

Rica em: betacaroteno, ácido fólico, vitamina C, cálcio, magnésio, fósforo, potássio e pectina. Também: cobre, zinco e vitaminas B1, B2, B3, B6 e E. **Benefícios para a saúde:** um delicioso suco doce que é uma ótima base. Um antioxidante ideal, bom para a purificação e digestão. Estimulante do sistema imunológico.

Mamão

Rico em: vitamina C, antioxidantes e potássio. **Benefícios para a saúde:** contém a enzima papaína, que ajuda a quebrar as moléculas de proteínas. Além de proteger o organismo contra o câncer, o

mamão é uma fruta ideal para fumantes, por repor os níveis perdidos de vitamina C.

Manga

Rica em: vitamina C, carotenos, fibra e vitaminas B. **Benefícios para a saúde:** controla a pressão sanguínea, alivia a anemia, estimula o sistema imunológico no combate a infecções.

Melancia

Rica em: betacaroteno, ácido fólico, vitamina B5, vitamina C, cálcio, magnésio, fósforo e potássio. **Benefícios para a saúde:** fornece grande quantidade de suco. É uma excelente fruta antioxidante, desintoxicante e diurética.

Melão

Rico em: cálcio, magnésio, potássio, fósforo, vitamina C e betacaroteno. **Benefícios para a saúde:** purificador e reidratador.

Morango

Rico em: vitamina C, potássio, cálcio, magnésio e fósforo. **Benefícios para a saúde:** um ótimo suco antioxidante, de sabor maravilhoso e propriedades energizantes.

Nabo

Rico em: ferro, betacaroteno, vitamina B e vitamina C. **Benefícios para a saúde:** alimento ideal para pessoas que estejam controlando o peso, pois é rico em carboidratos e pobre em gordura.

Oxicoco (*cranberry*)

Rico em: vitamina C, potássio, caroteno, fibra. **Benefícios para a saúde:** excelente para infecções do trato urinário, por impedir que a bactéria *E. coli* se prenda às suas paredes.

Pastinaca

Rica em: niacina, vitaminas B, ácido fólico e vitamina C. **Benefícios para a saúde:** é boa pelas propriedades diuréticas; purificadora do fígado e da vesícula biliar.

Pepino

Rico em: potássio, betacaroteno, silicone, enxofre, sódio e fósforo. **Benefícios para a saúde:** provavelmente o melhor diurético que se conhece; ótimo para o crescimento capilar, para eliminação do excesso de ácido úrico e para nutrientes da pele.

Pêra

Rica em: potássio, betacaroteno e vitamina C. **Benefícios para a saúde:** boa para diabéticos e para aqueles que estão controlando o peso, pois a pêra causa uma leve e constante elevação nos níveis de açúcar no sangue. Se estiver desmamando uma criança, as pêras são ideais, pois raramente causam reações alérgicas.

Pêssego

Rico em: carotenos antioxidantes, flavonóides e vitamina C. **Benefícios para a saúde:** ideal para estômagos irritados e tosses persistentes; reduz a pressão alta e protege contra o câncer e doenças do coração.

Rabanete

Rico em: cálcio, potássio e ácido fólico. **Benefícios para a saúde:** ajuda a reduzir o muco, previne coágulos sanguíneos, diminui o risco de câncer de pulmão e estômago.

Raiz-forte

Rica em: potássio, cálcio, ácido fólico e vitamina C. **Benefícios para a saúde:** excelente

diurético e boa para a digestão. Ajuda a aliviar problemas respiratórios.

Repolho

Rico em: vitamina C, ácido fólico, betacaroteno e fibra.
Benefícios para a saúde: pode prevenir e ajudar no tratamento de câncer de mama, úlcera estomacal, mastite e doenças do coração.

Salsa

Rica em: vitamina C.
Benefícios para a saúde: excelente purificador do hálito, mantém a estrutura do colágeno da pele.

Soja

Rica em: cálcio e proteína.
Benefícios para a saúde: como alternativa a derivados de leite, a soja é boa para pessoas que têm intolerância à lactose ou que sejam veganas, mas que ainda necessitam de cálcio para combater a osteoporose.

Tomate

Rico em: vitamina C, fibra, licopeno, betacaroteno, potássio e ácido fólico.
Benefícios para a saúde: um suco ideal para reduzir o risco de câncer e doenças do coração, em razão da presença do antioxidante licopeno. O licopeno também é responsável pela proteção das articulações, dos músculos e das células cerebrais.

Uva

Rica em: glicose, frutose, potássio, vitamina C e caroteno.
Benefícios para a saúde: combate elementos cancerígenos, ameniza sintomas de artrites, reduz a pressão sanguínea e ajuda em distúrbios urinários. Contém o fitonutriente ácido elágico, que pode eliminar substâncias cancerígenas do corpo.

Plano alimentar

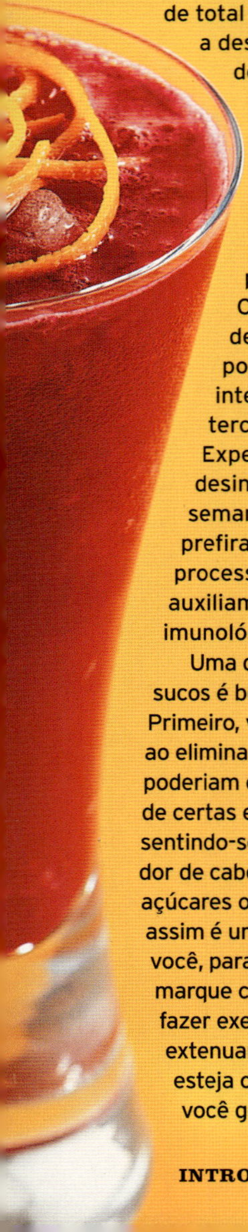

Desintoxicação

Após anos de refeições inadequadas, comidas prontas processadas e toxinas, seu organismo responderá rapidamente à desintoxicação, que fará com que você se sinta cheio de energia e com uma sensação de total bem-estar. Como inicialmente a desintoxicação elimina o excesso de líquidos, essa é a maneira ideal para começar um novo plano alimentar. Dietas não funcionam. A desintoxicação é o único modo de garantir uma perda de peso saudável e iniciar um plano alimentar adequado.

Contudo, não siga um plano de desintoxicação longo. Você pode começar com a melhor das intenções, mas desistirá no terceiro dia por causa da fome. Experimente um plano de desintoxicação de um fim de semana, ou mesmo de um dia, e prefira os sucos que aceleram o processo de desintoxicação e auxiliam a digestão e o sistema imunológico.

Uma desintoxicação de um dia com sucos é benéfica por duas razões. Primeiro, você purificará o seu organismo ao eliminar as toxinas acumuladas, que poderiam contribuir para o aparecimento de certas enfermidades. Segundo, mesmo sentindo-se um pouco cansado ou com dor de cabeça em razão da falta de açúcares ou cafeína no organismo, ainda assim é um dia dedicado inteiramente a você, para relaxar e rejuvenescer. Não marque compromissos e, se desejar fazer exercícios, não faça nada que seja extenuante. Qualquer coisa que faça, esteja certo de que seja algo de que você goste. Não há regras rígidas para o dia de desintoxicação, desde que você passe o dia cuidando de si mesmo.

Respostas a suas perguntas

Quando devo fazer uma desintoxicação?

A desintoxicação deve ser feita quando você tiver comido demais e estiver se sentindo letárgico, apático e inchado.

Por quanto tempo devo fazer a desintoxicação?

Não faça por mais de uma semana, mas você pode repetir o processo após alguns meses. A desintoxicação de um dia pode ser repetida a cada semana.

Será que não vou recuperar todo o peso de novo?

Ao eliminar as comidas que fazem mal, você sentirá seu corpo mais leve e menos inchado (a maior parte das pessoas perde 1-1,5 kg na primeira semana de desintoxicação). Continue o bom trabalho mantendo a ingestão moderada desses alimentos e substituindo-os por alternativas saudáveis.

Não faça uma desintoxicação se você:

- Estiver abaixo do peso.
- Estiver grávida ou amamentando.
- Tiver anemia.
- Tiver diabetes tipo 1.
- Estiver tomando algum medicamento por prescrição médica.
- Tiver insuficiência renal.
- Tiver graves problemas hepáticos.

Quatro razões para fazer a desintoxicação:

- A pele torna-se mais clara.
- O intestino funciona com maior regularidade.
- O fígado e os rins trabalham com mais eficiência.
- Reduz os níveis de estresse, o desequilíbrio hormonal e outros problemas inflamatórios.

DESINTOXICAÇÃO DE UM DIA

8h00
Beba um copo de água morna com um pouco de suco de limão siciliano. É uma maneira agradável de começar o dia, e essa combinação ajuda a limpar os rins.

8h30
Dependendo de como estiver se sentindo, experimente um suco com um pouco de fruta cítrica, ou maçã, abacaxi ou melão (ver Livre Leve e Solto, página 108, ou Alto Astral, página 36). Se for a primeira vez que estiver fazendo sucos, faça uma receita simples, como suco de cenoura e maçã, que irá despertá-lo e dará início ao processo de purificação.

9h00
É hora de aumentar a circulação! A escovação é ideal para peles secas, pois estimula a circulação e o sistema linfático, fazendo também a esfoliação das células mortas que deixam a pele opaca. Utilizando uma escova de cerdas naturais, comece pelos pés e vá subindo, fazendo movimentos suaves e longos. Quando terminar, tome um banho morno e aprecie a sensação da água correndo pelo seu corpo sensibilizado. (Você pode terminar com uma ducha fria se tiver coragem!) Após o banho, seque-se e hidrate a pele.

9h30
Tome um copo de água ou um chá de ervas, como de hortelã, que ajuda no processo de desintoxicação.

10h00
Se o dia estiver bonito, saia para uma caminhada. Os movimentos do corpo farão com que você não sinta os efeitos colaterais da desintoxicação, como cansaço ou dor de cabeça, e ainda ajudará o seu organismo a se livrar das toxinas. Se você não gosta de caminhar, experimente ioga.

11h30
Quando terminar o exercício, tome mais um copo de água ou chá de ervas.

12h30
É hora do almoço, portanto você precisa de um suco mais encorpado para aliviar a fome e reduzir a tentação de comer um lanche. Experimente a combinação de tubérculos e verduras, por exemplo, pepino, espinafre e beterraba (ver Sete-Belo, página 107).

13h00
Tome mais um copo de água, ou uma xícara de chá de ervas, se preferir. Experimente chá de gengibre, que é bom para o estômago, ou de limão siciliano, outro chá que ajuda na desintoxicação.

13h30
O programa de desintoxicação pode ser bastante cansativo, em razão do trabalho que seu organismo tem para se livrar dos estoques de toxinas que acumulou ao longo dos anos. Tire um cochilo ou deite e leia, ou ouça alguma música relaxante. Alguns exercícios de respiração e de alongamento podem ajudar. Você provavelmente acabará adormecendo de qualquer jeito!

14h30
Tome outro copo de água ou chá de ervas.

15h30
Seu nível de açúcar no sangue pode estar um pouco baixo agora, portanto, você pode fazer um suco com bastante frutas, como mirtilos, morangos, oxicocos (*cranberry*), laranjas e mangas (ver Peso Pesado, página 116, ou "C" Leste, página 104). Pode ser que o gosto esteja um pouco ácido após um dia inteiro sem comida, mas logo você estará se sentindo com energia.

17h00
É importante beber pelo menos oito copos de água por dia, portanto, beba outro copo agora.

19h30
Mesmo que você não tenha problemas para dormir esta noite, não deixe de tomar, ao anoitecer, um suco com ingredientes que auxiliem o relaxamento e combatam a insônia. Faça um suco de banana, alface ou maçã (ver Operação Resgate, página 61, ou Durma Bem, página 58).

21h30
Tome mais um copo de água e, em seguida, a última xícara de chá de ervas. Como você irá dormir, experimente um chá de camomila, que tem propriedades calmantes. Tome um banho de imersão relaxante, com algum óleo aromático e terapêutico, como lavanda, ylang ylang, rosa e sândalo. Cuidado para não deixar a água do banho muito quente e, se possível, diminua as luzes e coloque uma música relaxante.

22h00
Agora que você já completou seu dia de desintoxicação, é hora de dormir. Lembre-se de que seu estômago estará relativamente vazio na manhã seguinte, portanto, não celebre seu dia com frituras; comece gradualmente com frutas frescas e iogurte ou torradas integrais com mel. Opte por uma salada no almoço e, se possível, legumes no vapor com arroz para o jantar, complementando, é claro, com sucos nutritivos e frescos.

Quadro de IDR (Ingestão Diária Recomendada)

VITAMINA	FUNÇÃO	FONTES ALIMENTARES
Vitamina A (retinol)	Assegura a saúde dos olhos; antioxidante com função estimuladora da imunidade.	Fígado, laticínios, ovos e peixes gordurosos.
Betacaroteno (pró-vitamina A)	Antioxidante, oferece proteção contra o câncer. O organismo pode converter o betacaroteno em vitamina A.	Toda fruta e hortaliça verde escura, laranja ou vermelha, por exemplo, pimentão vermelho, abóbora e espinafre.
Vitamina B1 (tiamina)	Necessária para a produção de energia e para um sistema nervoso saudável.	Leite, carne, cereal matinal integral/fortificado, frutas secas, nozes, leguminosas, arroz integral, ervilhas e feijão.
Vitamina B2 (riboflavina)	Auxilia o organismo a absorver a energia dos alimentos. Garante a saúde dos olhos, cabelos e unhas.	Leite, fígado, rins, queijo e cereal integral matinal fortificado.
Vitamina B5 (ácido pantotênico)	Vitamina antiestresse e estimulante do metabolismo; auxilia na absorção da energia dos alimentos.	Fígado, rins, levedura, germe de trigo, cereal matinal integral, pão integral, nozes, leguminosas e hortaliças frescas.
Vitamina B6 (piridoxina)	Equilibra a mudança hormonal em mulheres e ajuda na produção de células.	Diversos alimentos, incluindo carne, pão integral, arroz integral, bananas e leguminosas.
Vitamina B12 (cobalamina)	Auxilia na produção de glóbulos vermelhos e na manutenção de nervos saudáveis.	Fígado, rins, peixes gordurosos, carne, ovos, laticínios e cereal matinal integral.
Ácido Fólico	Prevenção de problemas medulares em fetos durante a gestação. Auxilia na produção de glóbulos vermelhos e na absorção da energia dos alimentos.	Hortaliças de folhas verdes, fígado, leguminosas, ovos, cereais integrais, suco de laranja e germe de trigo.
Vitamina C (ácido ascórbico)	Protege contra alguns cânceres e algumas doenças coronarianas. Ajuda a manter ossos, dentes e cartilagens saudáveis.	A maior parte das frutas e hortaliças – entre as melhores fontes desta vitamina estão o kiwi, as frutas cítricas, os pimentões, a groselha negra e os morangos.
Vitamina D (calciferol)	Assegura um sistema nervoso saudável; formação de ossos e dentes fortes.	Peixes gordurosos, laticínios e ovos.
Vitamina E (tocoferol)	Antioxidante, protege as células dos danos causados pelos radicais livres. Protege contra doenças cardíacas e câncer.	Óleos vegetais, margarina poliinsaturada, germe de trigo, semente de girassol, avelã, peixes gordurosos, cereal integral, ovos, abacate e espinafre.
Vitamina K	Necessária para a coagulação sanguínea quando o organismo precisa dela.	Brócolis, repolho, espinafre, fígado, alfafa, tomates e alga marinha.

DOSAGEM DIÁRIA	INFORMAÇÕES ESSENCIAIS
600 mcg	A ingestão em excesso de vitamina A durante a gestação é arriscada (embora o betacaroteno não ofereça problemas).
25 mg	O consumo alto de betacaroteno em suplementos pode deixar a pele amarelada.
0.8 mg	A vitamina B1 perde-se com facilidade na água fervente. Para evitar a perda, use essa água para molhos e sopas, por exemplo.
1.3 mg	O consumo em excesso de vitamina B2 pode levar à perda de outras vitaminas B pela urina.
Sem valores oficiais estabelecidos	Não há relatos de deficiência de vitamina B5 entre adultos bem alimentados.
1.2 mg	Pílulas anticoncepcionais, antibióticos e o fumo aumentam a necessidade de vitamina B6. Os suplementos podem aliviar os sintomas de TPM.
1.5 mg	A vitamina B12 é encontrada apenas em alimentos de origem animal, portanto, vegetarianos e veganos necessitam de suplementos.
200 mg	Mulheres em idade de ter filhos devem tomar suplementos de ácido fólico. A necessidade aumenta se estiver tomando pílulas anticoncepcionais.
40 mg	A vitamina C é danificada pelo armazenamento e cozimento. Cozinhe as hortaliças pelo tempo mínimo necessário e sirva o mais rápido possível. Se você já teve pedra nos rins, consulte o médico antes de tomar suplementos.
10 mg	Se você não puder tomar sol, ou estiver grávida ou amamentando, tome suplementos. Consulte primeiramente seu médico caso tenha sarcoidose.
10 mg	As pílulas anticoncepcionais aumentam a necessidade dessa vitamina. A vitamina E contida em óleos vegetais é destruída em temperaturas altas (inclusive durante frituras).
10 mg	Se estiver tomando medicamento anticoagulante, somente tome suplementos de vitamina K sob orientação médica.

Quadro de enfermidades

Anemia	Dama de Ferro, Bem-disposto
Artrite	Reviravolta, Sete-Belo
Asma	Raízes da vida, Sete-Belo, Beterrápido, Alívio Imediato 1, Alívio Imediato 2
Baixa energia	Bem-disposto
Baixa fertilidade	Atração Fatal, Sonho Verde, Fique fria, Beterrápido, Mãe Terra
Bom para Crianças	Banana Dourada, Super Shake, Morangotango, Coceguinha, Barriguinha Cheia
Bronquite	Respirefresco, Alívio Imediato 1, Alívio Imediato 2
Cabelos e Unhas	Salão de Beleza, Mãe Terra
Celulite	Adeus, Celulite, Carga Energética, Enxuto
Cistite	Águas Claras, "C" Leste
Cuidados na Gravidez	Mãe Terra, Fique Fria
Desintoxicação	Livre, Leve e Solto, Águas Claras, Faxina Geral, Vida Nova
Diabetes	Os 5 Mais
Diarréia	Na Mosca, Paixão Púrpura
Dietas	Gengibrina, Sempre-Verde, Paz e Amor, Enxuto, Bem-disposto
Doenças Cardíacas	Beterrápido, Raízes da Vida, Adeus, Celulite
Dor de cabeça e Enxaqueca	Cuca Fresca, Sempre-Verde
Enjôo de Viagem	Boa Viagem, Frisante de Pêssego
Enjôo matinal	Frisante de Pêssego, Boa Viagem
Erupções Cutâneas	Batata Quente, Fique Fria
Estresse	Sempre-Verde, Sinal Verde
Gripes e Resfriados	Ar Puro
Hemorróidas	Faça Fácil, Sentido Obrigatório

Hipoglicemia	Carga Energética, Sete-Belo
Inchaço/Retenção de líquidos	Enxuto, Águas Claras, Sempre-Verde, Gengibrina, Imunossuco
Insônia	Durma Bem, Sempre-Verde, Operação Resgate
Letargia	Super Poderoso, Livre, Leve e Solto
Menopausa	Fique Fria, Raízes da Vida
Osteoporose	Duro na Queda, Raízes da Vida
Para Ganhar Peso	Peso Pesado, Banana Dourada, Sonho Verde, Atração Fatal
Pressão Alta	Sinal Verde, Salão de Beleza
Prisão de ventre	Sentido Obrigatório, Sete-Belo, Faça Fácil
Problemas de Pele	Quatro-em-um, Sete-Belo, Vida Nova
Redução do Colesterol	Paixão Púrpura, Na Mosca
Refeições em um minuto	Sonho Verde, Sete-Belo, Atração Fatal
Ressaca	Dia Seguinte
Síndrome do Intestino Irritável (SII)	Vida Nova, Faxina Geral
Sinusite	Alívio Imediato 1, Alívio Imediato 2, Respirefresco
Sistema Imunológico	Imunossuco, Respirefresco, "C Leste, Ar Puro, Dia Seguinte
TPM	Alto Astral, Durma Bem
Transtorno Afetivo Sazonal	Operação Resgate, Banana Dourada
Úlcera Estomacal	Pronto pra Outra, Vida Nova
Visão	Visão Impecável, Reviravolta

Os sucos

BOM PARA

Cistite. Conhecida às vezes como a "doença da lua-de-mel", a cistite é uma infecção urinária dolorosa, que causa uma sensação de ardor ao urinar. Os sintomas podem ser aliviados com a ingestão da maior quantidade possível de líquidos, em particular de sucos com oxicoco (*cranberry*). VER TAMBÉM **"C" Leste**

Águas Claras

O pepino deste suco fornece antioxidantes que possuem um efeito protetor no trato digestivo e, combinado com o melão, atua como diurético, limpando o sistema intestinal. **Rende 200 ml**

250 g de oxicocos* (*cranberries*)
250 g de melancia ou melão gália
250 g de pepino

Centrifugue todos os ingredientes, inclusive as sementes do melão e a casca do pepino. Sirva em um copo alto e decore com bastonetes de melão, se quiser.

VALORES NUTRICIONAIS
vitamina A 8.475 iu
vitamina C 120 mg
potássio 880 mg
ferro 4,7 mg
cálcio 92,5 mg
232 calorias

*N.T.: O oxicoco (*cranberry*) não é cultivado no Brasil. Por ter alto teor de vitamina C, pode ser substituído por acerola.

BOM PARA

Estomatite. A *candida albicans* é um fungo comum que vive inofensivamente em todas as pessoas. No entanto, em alguns casos de baixa imunidade, pode migrar pela mucosa vaginal e causar estomatite e aftas. Os sintomas incluem oscilação de humor e depressão, infecção vaginal recorrente e problemas digestivos crônicos. Corte os alimentos prejudiciais, gorduras, açúcar e alimentos altamente processados para combater o crescimento dos germes.

Choque Cultural

Todos os ingredientes deste suco possuem propriedades antibacterianas. É particularmente eficaz se você estiver tomando antibióticos. **Rende 200 ml**

250 g de maçã
100 g de oxicocos* (*cranberries*) congelados
100 g de iogurte natural
1 colher (sopa) de mel claro

Centrifugue a maçã e bata no liquidificador com o restante dos ingredientes. Sirva em um copo alto com gelo.

VALORES NUTRICIONAIS
vitamina C 20 mg
cálcio 40 mg
339 calorias

*N.T.: O oxicoco (*cranberry*) não é cultivado no Brasil. Por ter alto teor de vitamina C, pode ser substituído por acerola.

BOM PARA **Baixa fertilidade.** Com baixa quantidade de espermas e baixos níveis de fertilidade, a capacidade reprodutiva é uma das maiores causas de preocupação da sociedade atual. A fertilidade masculina pode ser estimulada pela maior ingestão de vitamina E, zinco e ferro. As mulheres devem aumentar seus níveis de ácido fólico, zinco e vitamina E. VER TAMBÉM **Sonho Verde, Fique Fria, Beterrápido, Mãe Terra**

Atração Fatal

O abacate é rico em vitamina E, ao passo que os damascos são uma excelente fonte de zinco e ferro.

Rende 200 ml

175 g de melão (½ melão grande)
125 g de pepino
125 g de abacate
50 g de damascos secos
1 colher (sopa) de germe de trigo

Centrifugue o melão e o pepino. Bata no liquidificador com o abacate, os damascos, o germe de trigo e alguns cubos de gelo. Decore com lascas de damasco seco, se quiser.

VALORES NUTRICIONAIS
vitamina A 8.738 iu
vitamina C 110 mg
vitamina E 2 mcg
potássio 1.470 mg
ferro 1,6 mg
zinco 1,29 mg
357 calorias

BOM PARA **TPM.** Se você é uma das muitas mulheres que sofrem de cólicas, irritabilidade e enjôo por causa do ciclo menstrual, a ajuda está à mão! É importante repor os níveis de ferro, já que muitas mulheres se queixam de letargia e cansaço durante a menstruação. Se você também se sente inchada em razão da retenção de líquido, ou engorda antes da menstruação, então certas frutas e hortaliças podem melhorar esses sintomas. A menstruação também pode afetar o humor, portanto, um suco calmante pode ser exatamente o que você precisa para garantir um ciclo com o mínimo de desconforto possível. VER TAMBÉM **Durma Bem**

Alto Astral

O abacaxi contém bromelina, que é um ótimo relaxante muscular. As amoras são boas fontes de ácido fólico.

Rende 200 ml

375 g de amoras
375 g de abacaxi ou 1 abacaxi pequeno

Centrifugue as amoras e, em seguida, o abacaxi, para ajudar a empurrar a polpa. Bata o suco no liquidificador com cubos de gelo e sirva em um copo alto, decorado com uma lasca de abacaxi, se quiser.

VALORES NUTRICIONAIS
vitamina A 658 iu
vitamina C 129,5 mg
ferro 3,29 mg
potássio 1.081 mg
cálcio 136 mg
ácido fólico 340 mcg
353 calorias

BOM PARA

Menopausa. A menopausa ocorre quando há diminuição da quantidade dos hormônios estrogênio e progesterona produzidos pelos ovários. Pode ser um momento muito estressante para a mulher, pois a menopausa causa irritabilidade, ondas de calor, alterações de humor, dores de cabeça, suores noturnos, ressecamento vaginal, perda de libido e ansiedade. VER TAMBÉM **Raízes da Vida**

Fique Fria

A beterraba é uma fonte rica de ácido fólico, que ajuda a proteger o coração, e, em conjunto com as cenouras, auxilia na regularização hormonal. O inhame fornece o hormônio progesterona, que ajuda na reposição dos hormônios perdidos durante a menopausa. **Rende 200 ml**

175 g de cenoura
100 g de beterraba
175 g de inhame ou batata-doce
125 g de erva-doce

Centrifugue todos os ingredientes. Mexa bem e sirva em um copo com cubos de gelo. Decore com raminhos de erva-doce, se quiser.

VALORES NUTRICIONAIS
vitamina A 49.430 iu
vitamina C 69,95 mg
ferro 3,9 mg
ácido fólico 254 mcg
folato 196 mcg
296 calorias

BOM PARA **Inchaço ou retenção de líquido.** Essa condição pode ser desconfortável e dolorosa. O problema poder ser causado por alergia alimentar, desequilíbrio hormonal, falta de ácidos graxos essenciais na dieta e também, ironicamente, por não beber água suficiente. O zinco é essencial para diminuir a retenção de líquido. VER TAMBÉM **Águas Claras, Sempre-Verde, Gengibrina, Imunossuco**

Enxuto

Todos os ingredientes deste suco contêm altos níveis de zinco e potássio. Esta receita também é ótima após o consumo de uma refeição muito salgada. **Rende 200 ml**

125 g de talos de aspargos
10 folhas de dente-de-leão
125 g de melão
175 g de pepino
200 g de pêra

Descarte a ponta lenhosa dos talos dos aspargos. Enrole as folhas de dente-de-leão e centrifugue-as (se as tiver colhido no mato, lave-as primeiro) com os aspargos. Descasque e centrifugue o melão. Centrifugue o pepino e a pêra com a casca. Bata tudo no liquidificador e sirva em um copo alto com gelo.

VALORES NUTRICIONAIS
vitamina A 5.018 iu
vitamina C 87 mg
potássio 1.235 mg
zinco 1,36 mg
215 calorias

BOM PARA **Celulite.** A pele rugosa, parecida com uma casca de laranja, que aflige mesmo as mulheres mais esbeltas, tem preocupado cientistas e profissionais da saúde há anos. A celulite é causada pela imobilização das células adiposas. Uma dieta com pouca gordura saturada, encontrada em carnes e laticínios, ajuda a dispersar essas células. O consumo de grande quantidade de água, para eliminar as toxinas, assim como de frutas e hortaliças que contêm bastante água, ajuda a eliminar a celulite. VER TAMBÉM **Carga Energética, Enxuto**

Adeus, Celulite

Purifica todo o sistema: sangue, rins e linfas. A pectina das maçãs fortalece o sistema imunológico.

Rende 150 ml

200 g de maçã
50 g de beterraba
90 g de aipo

Centrifugue todos os ingredientes juntos e sirva em um copo alto com gelo. Decore com fatias de maçã, se quiser.

VALORES NUTRICIONAIS

vitamina A 480 iu
vitamina C 23 mg
potássio 763 mg
magnésio 37 mg
179 calorias

BOM PARA

Asma. O número de crianças com asma tem crescido vertiginosamente nos últimos anos; poluentes, alergias e sujeira podem desencadear o processo. Os sucos, combinados com certas técnicas de respiração e os cuidados devidos, podem ajudar a diminuir a gravidade de um ataque. VER TAMBÉM **Sete-Belo, Beterrápido, Alívio Imediato 1, Alívio Imediato 2**

Raízes da Vida

O magnésio da salsa tem efeito calmante; também está presente no aipo. O alho é conhecido por suas propriedades antibacterianas, antibióticas, antissépticas e antivirais. **Rende 200 ml**

175 g de cenoura
175 g de pastinaca*
175 g de aipo
175 g de batata-doce
um punhado de salsa
1 dente de alho

Centrifugue todos os ingredientes juntos e bata no liquidificador com cubos de gelo. Sirva em um copo largo decorado com uma rodela de limão siciliano e um galhinho de salsa, se quiser.

VALORES NUTRICIONAIS
vitamina A 51.192 iu
vitamina C 136,35 mg
potássio 2.882,5 mg
magnésio 150,5 mg
386 calorias

*N.T.: Também conhecida como chirivia, não é cultivada no Brasil. É uma raiz e é parente da cenoura, porém de coloração mais pálida. É bastante doce, com gosto semelhante ao da mandioquinha (batata-baroa).

BOM PARA

Bronquite. Uma tosse persistente e a constante formação de muco são dois dos primeiros sintomas dessa enfermidade crônica, que causa chiado no peito e falta de ar. VER TAMBÉM **Alívio Imediato 1, Alívio Imediato 2**

Respirefresco

Este suco é rico em vitamina C, que é ótimo para combater problemas nos brônquios. As enzimas do abacaxi dissolvem o muco, e a pimenta chili (pimenta-cumari) é um ótimo expectorante. As pimentas do tipo chili são ricas em carotenóides e vitamina C, e são conhecidas por ajudar a aumentar o fluxo sanguíneo; também têm propriedades antibacterianas que fazem delas as preferidas no combate a gripes e resfriados. **Rende 200 ml**

250 g de cenoura
½ pimenta chili sem sementes ou algumas gotas de molho tabasco
250 g de abacaxi
suco de ½ limão
1 colher (sopa) de folhas de coentro picadas

Centrifugue a cenoura, a pimenta e o abacaxi. Sirva em um copo alto com gelo. Acrescente o suco de limão e as folhas de coentro picadas, misture e sirva.

VALORES NUTRICIONAIS
vitamina A 70.382 iu
vitamina C 72 mg
selênio 3,95 mcg
zinco 0,73 mg
240 calorias

BOM PARA

Gripes e Resfriados. Se você está esgotado e não segue uma dieta balanceada de alimentação, seu sistema imunológico fica mais suscetível a gripes e resfriados. Ao primeiro sinal dos sintomas, beber sucos com mamão, limão siciliano, limão, alho ou gengibre pode ajudar.

Ar Puro

O suco de mamão é ideal para crianças, por ser mais saboroso que alguns outros sucos doces. **Rende 200 ml**

150 g de mamão
150 g de *grapefruit*
150 g de framboesas
½ limão

Retire a polpa do mamão e centrifugue com o *grapefruit* (não tire a parte branca) e as framboesas. Esprema o limão, acrescente e misture. Sirva com gelo e, se quiser, decore com rodelas de limão.

VALORES NUTRICIONAIS
vitamina A 810 iu
vitamina C 188 mg
selênio 4,05 mcg
zinco 1,09 mg
193 calorias

BOM PARA

Sinusite. A sinusite ocorre quando há inflamação da mucosa das fossas nasais e dos seios da face. Mantenha distância de locais com fumaça e tente evitar o contato com gases poluentes, pó e pólen. Laticínios e trigo contribuem para a formação de muco, portanto, corte-os da sua dieta, se possível, até que a sua condição melhore. Estes dois sucos devem ser tomados um após o outro. VER TAMBÉM **Respirefresco**

Alívio Imediato 1

A raiz-forte estimula a ação capilar e dissolve o muco das narinas, enquanto a vitamina C do suco do limão pode ajudar a baixar uma febre alta. **Rende 50 ml**

1½ colher (chá) de raiz-forte em pó
½ limão siciliano

Faça o pó de raiz-forte centrifugando uma quantidade pequena e misturando o suco com a polpa. Coloque em um copo tipo aperitivo (*shot glass*) e acrescente o suco de limão. Tome duas vezes ao dia.

VALORES NUTRICIONAIS
vitamina C 55 mg
selênio 0,4 mcg
zinco 0,18 mg
25 calorias

Alívio Imediato 2

O suco de rabanete é muito forte para ser tomado puro, mas misturado com cenoura tem o efeito de aliviar as membranas inflamadas e limpar o organismo do muco dissolvido pela raiz-forte no Alívio Imediato 1. **Rende 200 ml**

175 g de cenoura
100 g de rabanete, com caules e folhas
1 pedaço de 2,5 cm de raiz de gengibre picado (opcional)

Centrifugue a cenoura, os rabanetes e o gengibre, se for usar. Acrescente gelo. Beba uma hora após o Alívio Imediato 1.

VALORES NUTRICIONAIS
vitamina A 49.233 iu
vitamina C 40 mg
selênio 2,82 mcg
zinco 0,8 mg
115 calorias

BOM PARA **Estresse.** Um fato desagradável do século XXI é que muitos de nós sofremos de altos níveis de estresse. Quer seja relacionado ao trabalho ou a problemas pessoais, o estresse é hoje considerado uma das principais causas de doenças. Altos níveis de estresse consomem os nutrientes essenciais do organismo e podem causar sintomas como dores de cabeça, indigestão, irritabilidade e dores nas articulações. VER TAMBÉM **Sinal Verde**

Sempre-Verde

Este suco combina aipo e erva-doce, que ajudam o organismo a utilizar o magnésio e o cálcio para acalmar os nervos. Associado ao efeito sedativo da alface, é um suco ideal para o combate ao estresse.

Rende 200 ml

50 g de aipo
50 g de erva-doce
125 g de alface romana
175 g de abacaxi
1 colher (chá) de estragão picado

Centrifugue todos os ingredientes e bata no liquidificador com cubos de gelo. Sirva em um copo alto e decore com ramos de estragão, se quiser.

VALORES NUTRICIONAIS

vitamina A 3.437 iu
vitamina C 68 mg
magnésio 47 mg
cálcio 95 mg
128 calorias

BOM PARA **Letargia.** A maioria das pessoas que toma suco com regularidade relata um aumento quase imediato dos níveis de energia. Se você estiver se sentindo letárgico ou constantemente cansado, tente evitar alimentos processados e elimine o sal e o açúcar refinado de sua dieta, pois eles tendem a exigir um esforço muito grande de seu organismo. VER TAMBÉM **Livre, Leve e Solto**

Super Poderoso

As cenouras, beterrabas e laranjas possuem alto teor de vitaminas A e C, antioxidantes e fitonutrientes como o alfa e o betacaroteno. Este suco também é uma fonte rica de potássio. Um verdadeiro tônico. **Rende 200 ml**

250 g de cenoura
125 g de beterraba
1 laranja
125 g de morangos

Centrifugue a cenoura, a beterraba e a laranja. Coloque o suco no liquidificador com cubos de gelo e os morangos. Bata por 20 segundos e sirva em um copo alto. Decore com tiras de casca de laranja, se quiser.

VALORES NUTRICIONAIS
vitamina A 70.652 iu
vitamina C 166 mg
potássio 1.646 mg
magnésio 91,5 mg
selênio 5,1 mcg
259 calorias

PARA REGULAR O SEU ORGANISMO

BOM PARA **Níveis de energia.** Este suco é um excelente energético, com benefícios nutricionais que compensam muito seu sabor.

Bem-disposto

A espirulina é uma das melhores fontes de vitamina B12, que é essencial para o funcionamento de todas as células. A grama de trigo orgânico (*wheatgrass*) possui alto teor de clorofila, que combate a anemia. A couve tem tanto cálcio quanto o leite. É preciso dizer mais alguma coisa? **Rende 50 ml**

25 g de couve
100 g de grama de trigo orgânico (*wheatgrass*)
1 colher (chá) de espirulina

Centrifugue a couve e a grama de trigo orgânico (*wheatgrass*); acrescente a espirulina em pó. Sirva em um copo pequeno decorado com folhas de grama de trigo orgânico.

VALORES NUTRICIONAIS
vitamina A 7.740 iu
vitamina B12 8 mcg
vitamina C 91 mg
clorofila 643 mg
ferro 52 mg
cálcio 462 mg
30 calorias

BOM PARA

Insônia. Comprimidos para dormir oferecem uma solução temporária para a insônia, podendo até exacerbar o problema. Tratamentos alternativos são melhores a longo prazo. Fique atento à sua alimentação antes de dormir e siga um ritual relaxante todas as noites. VER TAMBÉM **Sempre-Verde, Operação Resgate**

Durma Bem

O abacaxi e as uvas aumentam o açúcar no sangue, o que pode ajudar a induzir o sono. A alface e o aipo relaxam os nervos e os músculos.

Rende 200 ml

125 g de abacaxi (sem a casca)
125 g de uvas
50 g de alface
50 g de aipo

Centrifugue todos os ingredientes e sirva em um copo alto com gelo. Decore com folhas de alface, se quiser.

VALORES NUTRICIONAIS
vitamina C 50 mg
magnésio 35,2 mg
vitamina B6 0,3 mg
niacina 1,38 mg
triptofano 4 mg
167 calorias

BOM PARA **Transtorno afetivo sazonal.** Esse transtorno é hoje reconhecido como uma doença e afeta um entre dez cidadãos britânicos anualmente. Os sintomas incluem depressão, insônia, irritabilidade, mau humor, letargia, perda de apetite e ganho de peso durante os meses de inverno. VER TAMBÉM **Banana Dourada**

Operação Resgate

A banana e o figo são frutas ricas em triptofano, elemento necessário para a produção da serotonina, que pode promover uma sensação de bem-estar. Por conterem alta quantidade de açúcar natural, essas frutas produzem uma sensação de saciedade, evitando que a pessoa coma demais. **Rende 200 ml**

250 g de cenoura
100 g de figos
1 laranja
1 pedaço de 2,5 cm de raiz de gengibre picado
100 g de banana

Centrifugue a cenoura, os figos, a laranja e o gengibre. Coloque o suco no liquidificador com a banana e dois cubos de gelo e bata por 20 segundos para obter uma deliciosa vitamina. Acrescente mais cubos de gelo e decore com fatias de figo, se quiser.

VALORES NUTRICIONAIS
vitamina A 14.117 iu
vitamina C 192 mg
magnésio 118 mg
vitamina B6 0,23 mg
triptofano 89 mg
460 calorias

BOM PARA **Dor de cabeça e enxaqueca.** Os sucos são o remédio ideal para dores de cabeça e enxaquecas, pois os benefícios nutricionais das frutas e hortaliças são sentidos rapidamente pelo organismo. VER TAMBÉM **Sempre-Verde**

Cuca Fresca

A alface e a erva-doce são ingredientes muito calmantes. Eles contêm cálcio e magnésio, antiespasmódicos de efeito relaxante , que podem aliviar a dor de cabeça. **Rende 150 ml**

175 g de alface
125 g de erva-doce
½ limão siciliano

Centrifugue a alface, a erva-doce e o limão siciliano e sirva em um copo com gelo. Decore com lascas de limão siciliano e folhas de alface, se quiser.

VALORES NUTRICIONAIS
vitamina A 4.726 iu
vitamina C 67 mg
potássio 1.070 mg
cálcio 124 mg
magnésio 32 mg
72 calorias

BOM PARA **Redução do colesterol.** Altos níveis de colesterol são causados por uma dieta com muita gordura saturada, que provoca um acúmulo nas paredes internas das artérias. VER TAMBÉM **Na Mosca**

Paixão Púrpura

O *grapefruit* é especialmente recomendado por ser uma fonte rica de vitamina C e bioflavonóides, que protegem a saúde das artérias. O mirtilo também é um antioxidante poderoso e, em conjunto com a maçã, pode ajudar a prevenir o endurecimento das artérias e a reduzir os níveis de colesterol. **Rende 200 ml**

250 g de mirtilos*
125 g de *grapefruit*
250 g de maçã
1 pedaço de 2,5 cm de raiz de gengibre picado

Centrifugue todos os ingredientes e sirva em um copo alto com gelo. Decore com fatias finas de gengibre, se quiser.

VALORES NUTRICIONAIS
vitamina A 695 iu
vitamina C 134 mg
magnésio 59 mg
niacina 1,91 mg
vitamina B6 0,39 mg
vitamina E 3,12 mg
380 calorias

*N.T.: É uma fruta ainda pouco cultivada no Brasil, mas pode ser encontrada em bons supermercados e casas especializadas (*blueberry*, em inglês).

BOM PARA

Pressão alta. A pressão alta pode ser causada por coágulos sanguíneos e aterosclerose (formação de depósitos nas artérias). Em geral, a presença de aterosclerose também significa que há um endurecimento das artérias causado por falta de vitamina C, que é necessária para a produção de colágeno, a substância intercelular que mantém a pele e as artérias elásticas. VER TAMBÉM **Salão de Beleza**

Sinal Verde

Os ingredientes deste suco, ricos em vitamina C e potássio, ajudam a baixar a pressão alta. **Rende 150 ml**

250 g de kiwi
125 g de pepino
1 colher (sopa) de sementes de romã (se houver)

Lave o kiwi e o pepino, mas não descasque, pois ambos contêm nutrientes na casca. Centrifugue as duas frutas e sirva com uma rodela de limão, se quiser. Você também pode adicionar uma colher (sopa) de sementes de romã.

VALORES NUTRICIONAIS
vitamina C 250 mg
potássio 1.010 mg
zinco 0,67 mg
168 calorias

PARA REGULAR O SEU ORGANISMO

BOM PARA **Hipoglicemia.** Os níveis de açúcar no sangue diminuem quando os músculos e o fígado transformam depósitos de glicogênio em glicose, liberando-a para os tecidos. Isso pode causar fadiga, tontura e depressão, portanto, é importante manter os níveis de açúcar para o organismo funcionar de forma adequada. As frutas contêm altos níveis de açúcar natural, por isso inclua sucos de hortaliças em seu planejamento alimentar. VER TAMBÉM **Sete-Belo**

Carga Energética

Este suco contém canela, conhecida por estabilizar os níveis de açúcar no sangue. Para acrescentar uma dose extra de cromo, que regula a glicose, misture 1 colher (sopa) de germe de trigo cru no suco pronto. **Rende 200 ml**

125 g de espinafre
250 g de maçã
100 g de pimentão amarelo
uma pitada de canela

Centrifugue todos os ingredientes e sirva em um copo. Se quiser, decore com um pauzinho de canela.

VALORES NUTRICIONAIS
vitamina C 175 mg
magnésio 235 mg
potássio 2.125 mg
zinco 1,54 mg
222 calorias

BOM PARA

Diabetes. Sede excessiva e vontade freqüente de urinar estão entre os primeiros sintomas de diabetes. O distúrbio ocorre quando o pâncreas deixa de produzir insulina suficiente, o hormônio que regula o nível de açúcar no sangue. (Atenção: como o diabetes é uma doença grave, é indispensável o aconselhamento médico, em especial no caso de crianças.)

Os 5 Mais

Este suco contém as cinco hortaliças que mais produzem insulina natural.

Rende 200 ml

100 g de couve-de-bruxelas
100 g de cenoura
100 g de alcachofra-de-jerusalém
100 g de vagem
100 g de alface
½ limão siciliano

Lave todos os ingredientes e centrifugue-os com o limão siciliano. Sirva decorado com lascas de vagem e cenoura, se quiser.

VALORES NUTRICIONAIS
vitamina A 31.642 iu
vitamina C 145 mg
zinco 1 mg
186 calorias

PARA REGULAR O SEU ORGANISMO

BOM PARA **Anemia.** Se faltar ferro na sua dieta (talvez por ser uma dieta vegetariana ou em razão de um ciclo menstrual intenso), é possível que você sofra de anemia, que pode lhe dar uma sensação de letargia ou depressão, ou ainda fazer com que você fique vulnerável a gripes e resfriados. VER TAMBÉM **Bem-disposto**

Dama de Ferro

O ácido fólico aumenta a quantidade de glóbulos vermelhos, a clorofila ajuda a combater a fadiga e a espirulina fornece uma boa dose de vitamina B12. **Rende 200 ml**

250 g de espinafre
25 g de salsa
250 g de cenoura
1 colher (chá) de espirulina

Centrifugue o espinafre, a salsa e a cenoura e acrescente a espirulina. Sirva em um copo alto e decore com lascas de cenoura, se quiser.

VALORES NUTRICIONAIS
vitamina C 450 mg
ácido fólico 235 mg
clorofila 100 mg
vitamina B12 20 mcg
229 calorias

BOM PARA **Hemorróidas.** As hemorróidas são causadas por veias dilatadas dentro ou fora do ânus. Podem provocar coceira e dor, e são a causa mais comum do sangramento anal. Um coágulo sanguíneo ou trombo pode transformar uma hemorróida em uma protuberância dura e extremamente dolorida. VER TAMBÉM **Sentido Obrigatório**

Faça Fácil

O agrião ajuda a dissolver a fibrina coagulada, e a pêra ajuda a regular a função intestinal. **Rende 50 ml**

250 g de pêra
125 g de agrião
½ limão siciliano

Centrifugue os ingredientes e sirva em um copo com gelo. Acrescente algumas gotas de limão siciliano, se quiser.

VALORES NUTRICIONAIS
vitamina A 5.935 iu
vitamina C 85 mg
cálcio 185 mg
vitamina B6 0,2 mg
172 calorias

BOM PARA **Doença Cardíaca.** Esta é uma das doenças mais fáceis de serem prevenidas na sociedade atual. Uma ingestão exagerada de alimentos fritos e gordurosos, sal em excesso, estresse, fumo e falta de exercício são fatores determinantes. Aumentar a ingestão de vitamina C e E e fazer exercícios com regularidade podem acrescentar até dez anos à sua vida. VER TAMBÉM **Raízes da Vida, Adeus, Celulite**

Beterrápido

A cebola e o alho afinam o sangue e ajudam a baixar o colesterol. O agrião oxigena o sangue, e a beterraba aumenta a quantidade de glóbulos vermelhos. **Rende 200 ml**

125 g de beterraba
125 g de agrião
125 g de cebola roxa
250 g de cenoura
1 dente de alho

Centrifugue todos os ingredientes e sirva em um copo alto. Decore com folhas de beterrada e agrião, se quiser.

VALORES NUTRICIONAIS
vitamina A 41.166 iu
vitamina C 85 mg
magnésio 85 mg
niacina 2 mg
vitamina B6 0,56 mg
vitamina E 2,36 mg
167 calorias

BOM PARA **Enjôo de viagem.** Se você sente enjôo só de pensar em viajar de barco ou avião, ou de outro meio de transporte com um balanço constante, então um suco de gengibre fresco pode ser a solução. (Uma colher de chá de gengibre em pó em um suco de maçã funciona muito bem se você já estiver viajando.)

VER TAMBÉM **Frisante de pêssego**

Boa Viagem

Por ser mais eficaz do que qualquer coisa que você compre na farmácia, o gengibre é ideal para combater a náusea. Beba antes de viajar.

Rende 100 ml

250 g de maçã
1 pedaço de 2,5 cm de raiz de gengibre picado

Centrifugue a maçã e o gengibre e sirva em um copo alto com gelo. Decore com um pouco de hortelã picada, se quiser. Este suco também pode ser diluído em água mineral com gás.

VALORES NUTRICIONAIS
vitamina C 16 mg
160 calorias

BOM PARA **Úlcera estomacal.** A úlcera é causada por um excesso de ácido e pela enzima pepsina, e é agravada pelo estresse e pelo fumo, assim como por alimentos e bebidas ácidas. Pode ser controlada com uma dieta o mais alcalina possível, mas, se você sentir dores abdominais muito fortes, deve sempre consultar um médico. VER TAMBÉM **Vida Nova**

Pronto pra Outra

Tanto o suco de cenoura quanto o de repolho são conhecidos por seu efeito regenerador nas úlceras estomacais.

Rende 200 ml

250 g de cenoura
250 g de repolho

Centrifugue todos os ingredientes e sirva em um copo alto com gelo.

VALORES NUTRICIONAIS
vitamina A 70.654 iu
vitamina C 105 mg
selênio 5 mcg
zinco 0,95 mg
180 calorias

BOM PARA **Diarréia.** Quer a causa seja intoxicação, estresse, enjôo de viagem ou diferença de fuso horário, a diarréia desidrata o organismo. Isso quer dizer que você precisa garantir uma boa ingestão de líquidos para repor os nutrientes perdidos.

VER TAMBÉM **Paixão Púrpura**

Na Mosca

O mirtilo contém antocianosídeos, que são letais para as bactérias causadoras da diarréia. **Rende 150 ml**

250 g de maçã
125 g mirtilos*, frescos ou congelados

Centrifugue a maçã e bata o suco no liquidificador com os mirtilos. Sirva em um copo alto.

VALORES NUTRICIONAIS
vitamina A 8.946 iu
vitamina C 20 mg
magnésio 18,5 mg
210 calorias

***N.T.:** É uma fruta ainda pouco cultivada no Brasil, mas pode ser encontrada em bons supermercados e casas especializadas (*blueberry*, em inglês).

BOM PARA

Prisão de ventre. Um sistema digestivo lento em razão de uma dieta pobre e da falta de enzimas digestivas pode causar prisão de ventre, um incômodo que pode levar à obstrução e distenção do intestino. Uma combinação de frutas e hortaliças com alto teor de fibras e propriedades purgantes ajuda a exercitar e estimular o abdome, assim como melhorar a digestão. VER TAMBÉM **Sete-Belo, Faça Fácil**

Sentido Obrigatório

Este suco poderia ser chamado de arma mortal - uma dose de três poderosos laxantes que vão colocar você nos trilhos outra vez. **Rende 200 ml**

250 g de pêra
25 g de ameixas sem caroço
125 g de espinafre

Centrifugue todos os ingredientes e sirva em um copo com gelo. Decore com fatias de pêra, se quiser.

VALORES NUTRICIONAIS
vitamina A 8.946 iu
vitamina C 80 mg
potássio 1.311 mg
302 calorias

BOM PARA **Síndrome do Intestino Irritável (SII).** Essa síndrome pode ser causada pelo estresse, por isso é importante fazer sucos com alimentos que ajudem a reduzir os níveis de estresse e combatam a inflamação. Evite alimentos como trigo, café, batata, milho, cebola, queijo e vinho branco. Uma desintoxicação pode ser bastante benéfica. VER TAMBÉM **Faxina Geral**

Vida Nova

A cenoura e a maçã contêm pectina, ácido tânico e ácido málico, que regulam a função intestinal e protegem as paredes do intestino. O repolho desintoxica o estômago e o intestino delgado, e melhora a digestão.

Rende 200 ml

175 g de cenoura
250 g de maçã
125 g de repolho roxo

Centrifugue todos os ingredientes, inclusive a parte das sementes da maçã. Sirva em um copo alto com gelo e decore com lascas de repolho roxo, se quiser.

VALORES NUTRICIONAIS

vitamina A 49.523 iu
vitamina C 70 mg
potássio 1.159 mg
selênio 3,79 mcg
250 calorias

BOM PARA **Ressaca.** Se você estiver pagando caro pela farra do dia anterior, então um suco pode ser a forma mais rápida de desintoxicar seu organismo. A sensação de "ressaca" é causada principalmente pela desidratação, de modo que a reposição dos líquidos perdidos é a maneira mais rápida de ajudar o organismo a se recuperar. Beber quantidades iguais de sucos e água resolve o problema.

Dia Seguinte

O mamão ajuda a acalmar o sistema digestivo, o pepino elimina as toxinas e a laranja fornece uma boa dose de vitamina C. O efeito geral é calmante e reidratante. **Rende 200 ml**

125 g de mamão
2 laranjas
125 g de pepino

Descasque o mamão e as laranjas (deixando o máximo possível da parte branca) e lave o pepino. Centrifugue todos os ingredientes juntos e sirva em um copo alto com gelo. Decore com rodelas de pepino e mamão, se quiser.

VALORES NUTRICIONAIS
vitamina A 1.123 iu
vitamina C 218 mg
magnésio 51 mg
potássio 1.004 mg
selênio 2 mcg
184 calorias

BOM PARA

Osteoporose. Esta doença debilitante afeta principalmente mulheres que entraram na menopausa. É importantíssimo que mesmo mulheres mais jovens complementem sua dieta com alimentos que fortifiquem os ossos.

VER TAMBÉM **Raízes da Vida**

Duro na Queda

As folhas do nabo contêm mais cálcio que o leite. O brócolis também é ideal, pois contém cálcio e ácido fólico. As folhas de dente-de-leão são excelentes fontes de magnésio, o qual ajuda o organismo a assimilar o cálcio, garantindo ossos e dentes saudáveis. **Rende 200 ml**

125 g de nabo com as folhas
125 g de cenoura
125 g de brócolis
um punhado de folhas de dente-de-leão
175 g de maçã

Lave bem os nabos e as cenouras. Centrifugue todos os ingredientes e bata no liquidificador com cubos de gelo. Sirva em um copo alto decorado com folhas de dente-de-leão, se quiser.

VALORES NUTRICIONAIS

vitamina A 50.391 iu
vitamina C 223 mg
magnésio 108 mg
cálcio 398 mg
ácido fólico 210 mg
196 calorias

BOM PARA **Artrite.** A forma mais comum de artrite, doença em que a camada de cartilagem que cobre e protege as extremidades dos ossos se rompe aos poucos, afeta principalmente pessoas idosas. O inchaço e as inflamações nas articulações que resultam dessa doença causam muita dor. Há muitos alimentos que podem aliviar esse desconforto, entre eles repolho, frutas cítricas, frutas vermelhas e frutas com alto teor de vitamina C. VER TAMBÉM **Sete-Belo**

Reviravolta

O ácido salicílico do *grapefruit* atua na eliminação dos depósitos de ácido úrico; a cenoura e o espinafre ajudam a reconstruir e regenerar as cartilagens e articulações. **Rende 200 ml**

125 g de *grapefruit* rosa
125 g de cenoura
125 g de espinafre

Descasque o *grapefruit*, mantendo o máximo possível da parte branca. Centrifugue todos os ingredientes e sirva em um copo alto. Decore com pedaços de *grapefruit*, se quiser.

VALORES NUTRICIONAIS
vitamina A 43.864 iu
vitamina C 167 mg
cisteína 43 mg
185 calorias

BOM PARA **Cabelos e unhas.** Embora não haja nada que se possa fazer para melhorar a aparência e textura do cabelo e das unhas, pois já são células mortas, há muito o que fazer pelas partes subjacentes, invisíveis: as raízes. Os tubérculos são ricos em potássio, por isso coloque grandes quantidades em seus sucos, para garantir cabelos saudáveis. VER TAMBÉM **Mãe Terra**

Salão de Beleza

Este suco tem alto teor de potássio. **Rende 200 ml**

175 g de pastinaca*
175 g de pimentão verde
100 g de agrião
175 g de pepino

Centrifugue todos os ingredientes juntos e sirva em um copo com gelo e uma pitada de hortelã.

VALORES NUTRICIONAIS
vitamina A 6.331 iu
vitamina C 242 mg
potássio 1.400 mg
211 calorias

*N.T.: Também conhecida como chirivia, a pastinaca não é cultivada no Brasil. É uma raiz parente da cenoura, porém de coloração mais pálida. É bastante doce, com gosto semelhante ao da mandioquinha (batata-baroa).

BOM PARA **Erupções cutâneas e acne.** A batata é um excelente ingrediente para sucos, pois contribui para a ingestão de nutrientes de várias formas, principalmente fornecendo vitamina C, junto com as cenouras nesta receita. O rabanete é ideal para desintoxicar e prevenir infecções virais, resfriados e muco. VER TAMBÉM **Fique Fria**

Batata quente

Este suco contém potássio, fósforo e cloro, que agem contra erupções cutâneas.

Rende 200 ml

100 g de batata
100 g de rabanete
100 g de cenoura
100 g de pepino

Centrifugue todos os ingredientes juntos e bata no liquidificador com dois cubos de gelo. Sirva em um copo alto decorado com rodelas de rabanete, se quiser.

VALORES NUTRICIONAIS
vitamina 56 mg
potássio 1.242 mg
cloro 920 mg
155 calorias

BOM PARA **Problemas de pele.** Há muitas causas para os problemas de pele, desde estresse até alergia alimentar e deficiência vitamínica. Por ser o maior órgão do organismo, a pele é o barômetro de sua saúde corporal e a primeira parte a sinalizar qualquer desequilíbrio. É também a primeira a apresentar os resultados de uma limpeza do seu organismo. VER TAMBÉM **Sete-Belo, Vida Nova**

Quatro-em-um

Os quatro ingredientes deste suco contêm bioflavonóides, que reduzem as inflamações. **Rende 200 ml**

175 g de pimentão vermelho
175 g de tomate
100 g de repolho
1 colher (sopa) de salsinha picada

Centrifugue o pimentão, os tomates e o repolho. Despeje em um copo alto, acrescente a salsinha, mexa bem e decore com meia rodela de limão, se quiser.

VALORES NUTRICIONAIS
vitamina A 4.062 iu
vitamina C 264 mg
selênio 21,3 mcg
zinco 1,14 mg
120 calorias

BOM PARA

Visão. Lembra quando sua mãe lhe aborrecia dizendo para você comer cenoura, para poder enxergar no escuro? Pois é, ela tinha razão: a cenoura contém altos níveis de betacaroteno e vitamina E, que são necessários para se ter olhos saudáveis. A endívia ajuda a prevenir a catarata. VER TAMBÉM **Reviravolta**

Visão Impecável

Esta combinação de hortaliças fornece uma alta quantidade de vitamina A, que nutre o nervo ótico. **Rende 200 ml**

175 g de cenoura
125 g de endívia
125 g de aipo

Centrifugue a cenoura, a endívia e o aipo. Bata o suco no liquidificador com gelo e sirva decorado com rodelas de limão e um pouco de salsinha picada, se quiser.

VALORES NUTRICIONAIS
vitamina A 53.687 iu
vitamina C 33 mg
potássio 1.499 mg
128 calorias

PARA FICAR BEM, POR DENTRO E POR FORA

BOM PARA **Cuidados na gravidez.** Comer (ou tomar sucos) para dois pode parecer assustador no início da gravidez, mas você não precisa dobrar sua ingestão de nutrientes e vitaminas, embora seja recomendado que você aumente diversos deles. Os nutricionistas alertam que, para a maioria das mulheres, 200 calorias a mais por dia são suficientes, de modo que tomar sucos é uma forma excelente de aumentar a ingestão de nutrientes e, ao mesmo tempo, controlar as calorias. O mais importante, no entanto, é garantir que você coma (ou tome sucos com) alimentos com alto teor de ácido fólico, para reduzir a possibilidade de espinha bífida. VER TAMBÉM **Fique Fria**

Mãe Terra

Este suco é rico em ácido fólico e vitamina A, que são essenciais para o desenvolvimento fetal e para prevenir a pré-eclâmpsia.

Rende 200 ml

125 g de cenoura
125 g de alface
125 g de pastinaca*
125 g de melão cantaloupe

Centrifugue a cenoura, a alface e a pastinaca com a polpa do melão. Sirva em um copo alto decorado com fatias de melão, se quiser.

VALORES NUTRICIONAIS
vitamina A 42.136 iu
vitamina C 115 mg
ácido fólico 93,75 mcg
204 calorias

*N.T.: Também conhecida como chirivia, a pastinaca não é cultivada no Brasil. É uma raiz parente da cenoura, porém de coloração mais pálida. É bastante doce, com gosto semelhante ao da mandioquinha (batata-baroa).

BOM PARA **Enjôo matinal.** Um dos inconvenientes da gravidez é o enjôo matinal. O gengibre é excelente para acalmar o estômago – tente acrescentar um pouco ao seu suco preferido. O mel também ajuda a combater o enjôo. VER TAMBÉM **Boa Viagem**

Frisante de Pêssego

O pêssego tem um efeito alcalinizante sobre o sistema digestivo, e o gengibre faz milagres contra a náusea. **Rende 200 ml**

250 g de pêssego
1 pedaço de 2,5 cm de raiz de gengibre picado
água mineral com gás
folhas de hortelã

Centrifugue o pêssego e o gengibre e sirva em um copo alto com gelo, com um pouco de água mineral com gás e algumas folhas de hortelã. Beba devagar para assentar seu estômago.

VALORES NUTRICIONAIS
vitamina C 10 mg
potássio 390 mg
127 calorias

BOM PARA **Sistema imunológico.** Todos os sucos deste livro beneficiam seu sistema imunológico, pois é esse sistema que faz o organismo combater e prevenir doenças. Os sucos são ideais para aumentar os níveis de energia. VER TAMBÉM **Respirefresco**

Imunossuco

Um suco rico em antioxidantes. O limão estimula a eliminação de toxinas.

Rende 200 ml

125 g de cenoura
250 g de melão cantaloupe
1 limão
1 pedaço de 2,5 cm de raiz de gengibre picado

Centrifugue a cenoura, o melão, o limão e o gengibre. Sirva em um copo com gelo. Decore com meia rodela de limão e sementes de cardamomo, se quiser.

VALORES NUTRICIONAIS
vitamina A 4.262 iu
vitamina C 137 mg
selênio 2,7 mcg
zinco 0,84 mg
166 calorias

BOM PARA **Sistema imunológico.** Os melhores antioxidantes encontram-se nas frutas cítricas, no moranço, no kiwi, na framboesa e no mirtilo*. Esta bebida pode ajudar a prevenir ou tratar infecções urinárias, fornecer fibra necessária para impedir o desenvolvimento de câncer do cólon e ajudar na perda de peso, pois todas essas frutas contêm poucas calorias. VER TAMBÉM **Ar Puro, Dia Seguinte**

"C" Leste

Uma bebida pungente repleta de vitaminas A e C, selênio e zinco.

Rende 200 ml

150 g de *grapefruit*
50 g de kiwi
175 g de abacaxi
50 g de framboesas congeladas
50 g de oxicocos (*cranberries*) congelados**

Centrifugue o *grapefruit*, o kiwi e o abacaxi. Bata no liquidificador com as frutas vermelhas congeladas. Decore com framboesas, se quiser, e sirva com canudo.

VALORES NUTRICIONAIS
vitamina A 693 iu
vitamina C 179 mg
selênio 4,3 mg
zinco 1,43 mg
247 calorias

***N.T.:** É uma fruta ainda pouco cultivada no Brasil, mas pode ser encontrada em bons supermercados e casas especializadas (*blueberry*, em inglês).
**O oxicoco (*cranberry*) não é cultivado no Brasil. Por ter alto teor de vitamina C, pode ser substituído por acerola.

BOM PARA **Alimento nutritivo e rápido.** Não é recomendável substituir todas as suas refeições por sucos, mas esta receita e Sete-Belo, na página seguinte, são excelentes se você estiver apressado. VER TAMBÉM **Atração Fatal**

Sonho Verde

Este suco é riquíssimo em vitamina B3, niacina e ácido fólico. **Rende 200 ml**

250 g de maçã
50 g de aipo
50 g de kiwi
½ limão siciliano
100 g de abacate

Centrifugue a maçã, o aipo, o kiwi e o limão siciliano. Coloque no liquidificador com o abacate e bata por 20 segundos. Decore com fatias de kiwi, se quiser.

VALORES NUTRICIONAIS
vitamina C 161 mg
vitamina E 2,89 mg
niacina 2,42 mg
ácido fólico 72 mg
347 calorias

Sete-Belo

Esta página não seria suficiente para listar todos os aspectos nutritivos deste suco. Um energético fantástico para todos os casos. **Rende 200 ml**

75 g de cenoura
50 g de pimentão verde
25 g de espinafre
25 g de cebola
50 g de aipo
75 g de pepino
50 g de tomate
sal marinho e pimenta

Centrifugue os ingredientes e tempere com sal marinho e pimenta. Se quiser, decore com pedaços de tomate cortado em gomos.

VALORES NUTRICIONAIS
vitamina A 28.009 iu
vitamina C 105 mg
ferro 2,41 mg
potássio 1065 mg
selênio 2,5 mg
zinco 0,8 mg
115 calorias

BOM PARA **Desintoxicar.** A melancia é o desintoxicante ideal; a polpa é riquíssima em betacaroteno e vitamina C. O suco de melancia é tão delicioso que não é nenhum sacrifício tomar um copo por dia. Ao acrescentar morangos você receberá uma boa dose de vitamina C e estará, ao mesmo tempo, ajudando seu organismo a combater as bactérias. VER TAMBÉM **Águas Claras**

Livre, Leve e Solto

Rico em zinco e potássio, dois grandes agentes eliminadores.

Rende 200 ml

200 g de melancia
200 g de morangos

Centrifugue as frutas e bata no liquidificador com gelo. Sirva decorado com folhas de hortelã e morangos inteiros ou fatiados, se quiser.

VALORES NUTRICIONAIS
vitamina A 6.562 iu
vitamina C 195 mg
potássio 950 mg
zinco 0,58 mg
130 calorias

BOM PARA

Desintoxicar. A maioria das pessoas já ouviu falar da dieta da sopa de repolho, mas muitas não sabem por que o repolho é um desintoxicante tão bom. Como ele ajuda na digestão e previne a retenção de líquido e a prisão de ventre, seus benefícios são notados quase imediatamente. É um ingrediente perfeito para sucos, pois seus nutrientes são mais abundantes quando crus. Na realidade, muitos nutricionistas chamam o repolho de alimento perfeito. O aipo, o agrião e a pêra são os acompanhamentos ideais, pois também ajudam no processo de desintoxicação.

VER TAMBÉM **Vida Nova**

Faxina Geral

O repolho e a pêra eliminam resíduos do cólon, enquanto o aipo purifica as linfas. **Rende 200 ml**

250 g de pêra
125 g de repolho
50 g de aipo
25 g de agrião

Centrifugue todos os ingredientes e sirva em um copo com gelo, decorado com bastonetes de aipo, se quiser.

VALORES NUTRICIONAIS
vitamina C 97 mg
potássio 1.129 mg
magnésio 48 mg
206 calorias

BOM PARA

Dietas. Dietas geralmente causam perda de líquido, não de peso. Seguindo uma dieta sensata e balanceada e fazendo exercícios regularmente, você perderá peso de forma mais gradual, e é muito provável que não o recupere. Uma forma excelente de dar o pontapé inicial em qualquer plano de perda de peso é fazer uma desintoxicação de um a três dias à base de sucos. Isso estimulará seu organismo e dará força às suas intenções! VER TAMBÉM **Sempre-Verde**

Gengibrina

Tome um copo deste suco antes de um almoço leve para manter a energia e afastar o mau humor que resulta da dieta. **Rende 200 ml**

300 g de cenoura
50 g de erva-doce
75 g de aipo
1 pedaço de 2,5 cm de raiz de gengibre picado
1 colher (sopa) de espirulina (opcional)

Centrifugue os ingredientes e sirva em um copo com gelo. Se quiser, decore com lascas e raminhos de erva-doce. Você também pode acrescentar 1 colher (sopa) de espirulina, que contém fenilalanina, para controlar o apetite.

VALORES NUTRICIONAIS
vitamina A 84.600 iu
vitamina C 43 mg
potássio 1.627 mg
magnésio 80 mg
183 calorias

BOM PARA

Dietas. Uma das vantagens de seguir um plano de sucos no início de seu programa de perda de peso é que os sucos tendem a satisfazer, o que significa que você ficará menos tentado a comer uma barra de chocolate.

VER TAMBÉM **Enxuto, Bem-disposto**

Paz e Amor

Um suco extremamente verde que ajuda a manter os níveis de energia.

Rende 200 ml

100 g de brócolis
100 g de couve
25 g de salsa
200 g de maçã
50 g de aipo

Centrifugue todos os ingredientes e sirva em um copo com gelo. Se quiser, decore com couve.

VALORES NUTRICIONAIS
vitamina A 10.574 iu
vitamina C 365 mg
selênio 5,14 mg
zinco 1 mg
228 calorias

BOM PARA **Aumento de peso.** Este suco é bastante saboroso e muito calórico.

VER TAMBÉM **Banana Dourada, Sonho Verde, Atração Fatal**

Peso Pesado

É uma bebida repleta de carboidratos complexos que ajuda você a ganhar peso, se for tomada como complemento de uma dieta balanceada normal.

Rende 400 ml

100 g de abacaxi
100 g de uvas
100 g de laranja
100 g de maçã
100 g de manga
100 g de banana

Centrifugue o abacaxi, as uvas, a laranja e a maçã. Bata no liquidificador com a manga, a banana e alguns cubos de gelo para fazer uma vitamina doce. Sirva decorada com gomos de laranja e hortelã.

VALORES NUTRICIONAIS
vitamina A 4.631 iu
vitamina C 121 mg
selênio 3,3 mcg
383 calorias

BOM PARA **Crianças.** As bebidas a partir desta página até o final do livro foram elaboradas para crianças. Os sucos são a forma mais rápida e fácil de garantir que seus filhos não apenas recebam os nutrientes vitais, mas também saboreiem os alimentos. São tão fáceis de fazer que você pode pedir para seus filhos prepararem – dessa maneira, eles se sentirão mais envolvidos.

Banana Dourada

Repleto de ferro, cálcio e potássio, este é um estimulante genérico que é excelente para os ossos e dentes, além de prevenir resfriados.

Rende 200 ml

150 g de cenoura
100 g de laranja
100 g de banana
1 damasco seco

Centrifugue a cenoura e a laranja. Bata no liquidificador com a banana, o damasco e alguns cubos de gelo. Decore com pedaços de banana, se quiser.

VALORES NUTRICIONAIS
vitamina A 44.570 iu
vitamina C 88 mg
cálcio 101 mg
potássio 1.475 mg
ferro 2,5 mg
204 calorias

Super Shake

Um *shake* doce e sem leite, que ajuda na digestão e é rico em proteínas, cálcio e vitamina C.

Rende 200 ml

250 g de abacaxi
100 g de pastinaca*
100 g de cenoura
75 ml de leite de soja

Centrifugue o abacaxi, a pastinaca e a cenoura. Bata no liquidificador com o leite de soja e alguns cubos de gelo. Decore com pedaços de abacaxi, se quiser.

VALORES NUTRICIONAIS
vitamina C 65 mg
cálcio 80 mg
proteína 6 g
266 calorias

*N.T.: Também conhecida como chirivia, a pastinaca não é cultivada no Brasil. É uma raiz parente da cenoura, porém de coloração mais pálida. É bastante doce, com gosto semelhante ao da mandioquinha (batata-baroa).

Morangotango

Este suco tem alto teor de vitamina C, que previne resfriados. O morango é um analgésico natural.

Rende 200 ml

200 g de morangos
200 g de laranja

Centrifugue os morangos e a laranja. Sirva puro com gelo ou bata no liquidificador com cubos de gelo para formar uma bebida mais encorpada. Decore com morangos inteiros, se quiser.

VALORES NUTRICIONAIS
vitamina C 219 mg
potássio 694 mg
cálcio 108 mg
154 calorias

Coceguinha

Acrescente algumas ameixas secas processadas se seu filho estiver com prisão de ventre. **Rende 200 ml**

300 g de maçã
200 g de groselha negra

Para um ótimo substituto de tônico à base de groselha negra, centrifugue as frutas e sirva com gelo. Decore com mais groselhas negras, se quiser.

VALORES NUTRICIONAIS
vitamina C 415 mg
cálcio 30 mg
300 calorias

Barriguinha Cheia

Esta é uma papinha de bebê natural e altamente nutritiva.

Rende 150 g

125 g de pêra
75 g de abacate

Centrifugue a pêra e bata no liquidificador com o abacate.

VALORES NUTRICIONAIS
vitamina C 12 mg
218 calorias

glossário

Ácido ascórbico Vitamina C.

Ácido elágico Fitonutriente que pode eliminar substâncias cancerígenas do organismo.

Ácido fólico Nutriente encontrado em verduras folhosas, fígado, grãos e cereais integrais, que ajuda a prevenir distúrbios da coluna em fetos.

Ácido pantotênico Vitamina B5.

Ácido úrico Ácido cristalino, resíduo eliminado pelo organismo na urina.

Aloe vera Suplemento derivado de planta suculenta, que pode ser acrescentado a sucos. Possui propriedades imunológicas, antivirais e antissépticas, e é especialmente recomendado para pessoas com problemas nas articulações e síndrome do intestino irritável (SII).

Antioxidante Substância benéfica que elimina os radicais livres do organismo. Muitas vitaminas, inclusive a A, C e E, são antioxidantes.

Apiina Glicosídeo que confere um sabor ligeiramente amargo aos alimentos.

Assimilação Processo que digere e absorve os nutrientes no organismo.

Betacaroteno (pró-vitamina A) Nutriente encontrado em todas as frutas e verduras verde-escuras, cor de laranja ou vermelhas, e que é convertido em vitamina A no organismo. É um antioxidante que oferece proteção contra o câncer.

Bromelina Enzima presente no abacaxi; eficaz no tratamento de coágulos sanguíneos que podem levar à trombose.

Calciferol Vitamina D.

Cálcio Mineral essencial para garantir ossos e dentes saudáveis, assim como para prevenir a osteoporose.

Carcinogênico Qualquer substância que pode causar câncer no organismo.

Centrífuga Um tipo muito usado de extrator de suco por centrifugação. As frutas e verduras passam por um ralador em alta rotação, processo que separa a polpa do suco.

Cobalamina Vitamina B12.

Colágeno Proteína fibrosa que forma o tecido conjuntivo do organismo.

Colesterol Substância gordurosa encontrada na maioria dos tecidos do organismo, inclusive no sangue. Pode se acumular nas paredes internas dos vasos sanguíneos e causar obstrução.

Cólon Parte maior do intestino grosso.

Desintoxicação Processo que elimina toxinas acumuladas no organismo, que poderiam contribuir para o aparecimento de certas enfermidades. Os resultados são pele mais clara, funcionamento mais regular do intestino, funcionamento mais eficiente dos rins e do fígado e redução do estresse, do desequilíbrio hormonal e de outros problemas inflamatórios.

Ditioltionas Fitoquímicos que aceleram a ação das enzimas envolvidas no processo de desintoxicação do organismo.

Diurético Substância que faz uma pessoa urinar com maior freqüência.

DNA Ácido desoxirribonucléico, o material encontrado nas células do organismo que codifica informações genéticas.

Doença degenerativa Enfermidade grave que piora com o tempo.

Enzima Substância responsável pela digestão e absorção dos alimentos no organismo. As enzimas também convertem os alimentos em tecido corporal e aumentam os níveis de energia.

Espirulina Extrato de algas verde-azuladas que pode ser acrescentado a sucos para aumentar os níveis de fósforo, potássio, sódio, vitamina B3 e betacaroteno. Seus principais benefícios são a regeneração e renovação celular; também possui propriedades antifúngicas e antibacterianas.

Espremedor Um simples espremedor de limão usado apenas para frutas cítricas.

Extrator de suco por trituração Extrator que tritura frutas e hortaliças e as impulsiona, através de um filtro de aço inoxidável, com imensa força. Esse processo extrai grande quantidade de suco.

Fitoquímicos/fitonutrientes Substâncias químicas vegetais que parecem prevenir enfermidades graves como câncer, doenças cardíacas, asma e artrite. Essas substâncias químicas são o alvo principal de pesquisas relativas à alimentação e saúde.

Frutose Açúcar de fácil assimilação encontrado em frutas e no mel.

Glicose Açúcar simples encontrado em muitas frutas e hortaliças, apresenta digestão rápida e fornece energia.

Glutationas Moléculas encontradas no organismo que podem destruir toxinas, como as carcinogênicas.

Grama de trigo orgânico (*wheatgrass*) Planta cultivada a partir de grãos de trigo, rica em clorofila. É um energético excelente quando adicionada a sucos.

Holístico Tratamento que cuida da pessoa como um todo, não apenas dos sintomas, proporcionando uma saúde completa.

IDR Ingestão diária recomendada, a quantidade diária necessária de um nutriente para manter uma boa saúde.

Inulina Açúcar simples que é convertido em frutose pela enzima inutase, de modo que é indicado para diabéticos.

Inutase Enzima que converte a inulina em frutose no organismo.

iu Unidade internacional (*international unit*, em inglês), quantidade padrão de uma vitamina.

Licopeno Antioxidante que diminui o risco de câncer e doenças cardíacas. É também responsável pela proteção das articulações, dos músculos e das células cerebrais.

mcg Micrograma, um milionésimo de um grama. Unidade usada para medir quantidade de vitaminas e nutrientes.

Metabolismo Processos químicos que ocorrem no organismo e resultam na produção de energia e no crescimento.

mg Miligrama, um milésimo de um grama. Unidade usada para medir quantidade de vitaminas e nutrientes.

Oxidação A destruição de substâncias, inclusive de algumas vitaminas e outros nutrientes, quando em contato com o ar. Sucos frescos devem ser tomados assim que forem feitos para garantir que contenham o máximo de nutrientes.

Papaína Enzima que ajuda a quebrar as moléculas de proteína do organismo.

Pectina Nutriente encontrado na parte branca e nas membranas celulares de frutas, que ajuda a baixar os níveis de colesterol.

Piridoxina Vitamina B6.

Plano de tratamento reparador Plano de tratamento para curar uma doença ou um aspecto não-saudável.

Polpa O resíduo fibroso que sobra após a extração do suco de frutas e hortaliças.

Radicais livres Moléculas altamente reativas que danificam células, contribuindo para a perda de tônus muscular e o aparecimento de rugas, pele flácida, manchas de envelhecimento e distúrbios relacionados à idade.

Retinol Vitamina A.

Riboflavina Vitamina B2.

Sistema imunológico O sistema do organismo, composto principalmente de anticorpos e glóbulos brancos, que combate infecções.

Sistema nervoso Rede de células especializadas do organismo, incluindo o cérebro, que transmite impulsos nervosos a todo o corpo.

Suplemento Substância como espirulina ou aloe vera que é acrescentada a um suco como um concentrado de vitaminas e minerais.

Tiamina Vitamina B1.

Tocoferol Vitamina E.

Vitamina Composto orgânico essencial, em pequenas quantidades, para manter uma boa saúde e um desenvolvimento normal.

Vitamina A (retinol) Composto orgânico encontrado no fígado, em peixes gordurosos e no leite, e que mantém a saúde dos olhos.

Vitamina B1 (tiamina) Composto orgânico usado na produção de energia e na manutenção do sistema nervoso; encontrado na carne, no leite, em cereais integrais, frutas secas, nozes e grãos.

Vitamina B2 (riboflavina) Composto orgânico que ajuda o organismo a extrair energia dos alimentos e manter olhos, cabelos e unhas saudáveis. É encontrada no leite, no fígado, em rins, no queijo e em cereais matinais fortificados.

Vitamina B5 (ácido pantotênico) Composto orgânico conhecido como vitamina antiestresse, que estimula o metabolismo e ajuda o organismo a extrair energia dos alimentos. É encontrada no fígado, em rins, no fermento, no germe de trigo, em grãos e nas hortaliças.

Vitamina B6 (piridoxina) Composto orgânico encontrado na carne, na banana, nos grãos, no pão integral e no arroz; equilibra as alterações hormonais nas mulheres e ajuda na produção de células.

Vitamina B12 (cobalamina) Composto orgânico que ajuda na produção de glóbulos vermelhos e na manutenção de um sistema nervoso saudável. É encontrada no fígado, na carne, em rins, peixes gordurosos, ovos, laticínios e cereais fortificados.

Vitamina C (ácido ascórbico) Composto orgânico encontrado na maioria das frutas e hortaliças, principalmente em laranjas, na groselha negra e no kiwi; ajuda a prevenir cânceres e doenças coronarianas. É um antioxidante e também promove a saúde dos ossos, dos dentes e das gengivas.

Vitamina D (calciferol) Composto orgânico que promove a saúde do sistema nervoso e ajuda na formação de ossos e dentes. É encontrada em peixes gordurosos, laticínios e ovos.

Vitamina E (tocoferol) Antioxidante, composto orgânico que protege as células dos danos causados pelos radicais livres e previne doenças cardíacas e câncer. É encontrada no óleo vegetal, no germe de trigo, em nozes, peixes gordurosos, ovos, no abacate e no espinafre.

Vitamina K Composto orgânico encontrado em verduras como brócolis, espinafre, repolho e algas, no fígado e em tomates; é necessária para a coagulação.

índice remissivo

agradecimentos

As autoras e o editor agradecem a
Raw Health Ltd, 79 Myddleton Road, London, N22 8NE, (tel: 0870 800 7020), pelo empréstimo do Oscar Pulverizing Juicer.
www.goraw.com

Editor executivo: **Nicola Hill**
Assistente editorial: **Jennifer Barr**
Editor executivo de arte: **Mark Stevens**
Designer: **Joanna MacGregor**
Assistente da biblioteca de imagens: **Taura Riley**
Fotógrafo: **Stephen Conroy**
Economista Doméstico: **David Morgan**
Estilista: **Angela Swaffield**
Controle de produção: **Nigel Reed**